本书是国家社会科学基金项目（15BGL044）的最终研究成果
本书的出版得到了国家社会科学基金和湖南农业大学经济学院创建国家"双一流"学科的资助

湖南农业大学经济学院学术文库

村镇银行风险管理研究
——基于MtF模型

Research on Risk Management of the Village Banks:
Based on MtF Model

吴玉宇◎著

经济管理出版社
ECONOMY & MANAGEMENT PUBLISHING HOUSE

图书在版编目（CIP）数据

村镇银行风险管理研究：基于 MtF 模型/吴玉宇著．—北京：经济管理出版社，2020.11

ISBN 978－7－5096－7498－7

Ⅰ.①村…　Ⅱ.①吴…　Ⅲ.①村镇银行—银行风险—风险管理—研究—中国　Ⅳ.①F832.35

中国版本图书馆 CIP 数据核字(2020)第 163614 号

组稿编辑：曹　靖
责任编辑：任爱清
责任印制：黄章平
责任校对：董杉珊

出版发行：经济管理出版社
（北京市海淀区北蜂窝 8 号中雅大厦 A 座 11 层　100038）
网　　址：www.E－mp.com.cn
电　　话：(010) 51915602
印　　刷：唐山昊达印刷有限公司
经　　销：新华书店
开　　本：720mm×1000mm/16
印　　张：11.75
字　　数：167 千字
版　　次：2020 年 11 月第 1 版　　2020 年 11 月第 1 次印刷
书　　号：ISBN 978－7－5096－7498－7
定　　价：78.00 元

联系地址：北京阜外月坛北小街 2 号
电话：(010) 68022974　　邮编：100836

前　言

村镇银行已成立10多年，进入了青春活力期，已成为扎根县城、服务乡村、支农支小的农村金融机构的一支新生力量，也是新农村金融机构的生力军，在支持农村社会经济发展、健全农村金融体系、激活农村金融市场和发展普惠金融等方面发挥了重要作用。然而，在当前农村金融面对利率市场化的冲击、互联网金融和成为各大银行蓝海战略布局的激烈竞争的农村市场“三期叠加”的大环境下，村镇银行面临巨大的外部风险与独特的内部风险。村镇银行既要承受做大总量与提升质量的双重压力，又要面临加快发展和深化管理的双重任务。因此，在这种背景下研究村镇银行风险管理具有独特的学术价值和应用价值。

本书以全面风险管理为研究基础，突破既有某种类型的单一风险研究的理论框架，运用经济学理论、管理理论、系统论、控制论和信息论等多学科交叉融合开展了理论的创新性研究，构建了村镇银行全面风险管理的新框架体系。本书以建立详细方案设计为研究目标，是为了村镇银行由原来的机构拓展和网点布局的量的扩张转向全面风险管理质的飞跃阶段建构起独特的风险识别与控制系统，并设计详细的方案，平衡风险与收益的关系，走上可持续发展的道路，有利于提高学术研究的价值性。本书以具体指导计量过程的操作为行动定位。立足村镇银行发展的国情，特别是县域农村区域的风险特性以及小型银行类金融机构发展的市场规律等，以改变村镇银行过去以防范损失为主的风险管理，把风险管理与其战略决策融合在一起。通过个案的分析，具体说明按照小银行灵活的经营方式，贯穿于各个层级各类风险管理决策的全过程，包含整合的内部环境、设定目标、风险识别、风险评估、风险应对、风险控制、信息与沟通、管理监控相互关联的八大要素，根据信息及时动态地调整资产结构、负债结构及杠杆率水平，实现村镇银行在其可承担的风险范围内收益最大化，提升风险管理水平。这些问题的研究突破既有文献的研究思维和范式，在理论上增进金融风险管理的新内涵和新外延，从多学科交叉融合视角构建村镇银行全面风险管理的新框架及其体系，拓展了金融风险全面管理的研究思路和研究内容。

发展 10 多年的村镇银行机构数量已经占全国银行业机构数量的 35.22%，资产规模突破万亿元，信贷余额和增量占当地县域银行业的份额不断提升，然而，近几年村镇银行重数量发展的风险隐患逐渐显现，经营风险问题也越来越突出。为此，本书重在应用，能够为破解目前我国村镇银行难题、化解村镇银行数量规模的发展与风险控制薄弱的矛盾，针对支持村镇银行特色化、差异化发展的信贷限额制度、风险控制和支持技术等方面的风险量化研究比较少的情况，设计村镇银行全面风险量化管理的解决方案，提供具有重要应用价值和可操作性的方案设计。

感谢国家社会科学基金（项目编号为 15BGL044）的大力支持和湖南农业大学经济学院的出版资助。

感谢李明贤教授，朱忠福博士，朱骊禧博士，陈文喆、奉夤婷等同学的辛勤付出。

感谢为课题研究材料提出修改指导意见的各位专家们。

由于作者水平有限，编写时间仓促，所以书中错误和不足之处在所难免，恳请广大读者批评指正。

吴玉宇

2020 年仲夏于湖南农业大学

目　录

第一章　绪论

第一节　研究背景、目的及意义

一、研究背景

2007 年 3 月，四川仪陇惠民村镇银行的挂牌成立成为我国农村金融机构增量改革的标志事件，至今村镇银行已成立 10 多年，进入青春活力期。据中国银行业协会公布的数据，到 2018 年底，我国已设立村镇银行 1621 家，开业运营的 1616 家村镇银行的总资产规模约为 1. 51 万亿元，资产规模占 2018 年底全国银行业金融机构 4588 家境内总资产 261. 4 万亿元的 0. 58%，而机构数量占银行业金融机构的 35. 22%；各项贷款余额 0. 94 万亿元，占全国银行业金融机构贷款总额 140. 6 万亿元的 0. 67%；贷款业务中农户及小微企业贷款占其贷款余额的 91. 18%，500 万元以下贷款占比 81. 8%；户均贷款 41 万元，“支农支小”的定力显现。另外，从各村镇银行公布的年报中可以看出，其主要监管指标符合要求，风险整体可控；1616 家村镇银行的资本金中民间资本占资本总额的72%，共计815亿元，这也是民间资本要素流向农村的重要渠道。

历经10多年发展的村镇银行已覆盖全国31个省份的1286个县，县市覆盖率达到70%，初步形成与农商银行在县域经济中适度竞争的“双法人”金融机构服务格局，激发了农村金融市场的活力，增加了中西部农村地区的金融供给，改善了农村地区金融服务的状况，城乡经济协调发展得到了有力的金融支撑。中国银监会农金部副主任马晓光说：“村镇银行的出现，在带动县域银行业金融机构转变服务理念和方式，提升所在县域金融服务质效方面起到了正向的积极作用，广大农民享受到了服务质量改善的竞争红利。”

通过客户错位竞争和经营模式创新，致力于为“三农”和小微企业提供精细化、特色化和差异化服务的村镇银行等同类金融机构，整体发展质量良好。已形成立足县城、服务乡村、支农支小的新生力量。在激活农村金融市场、增加农村金融供给、改善农村金融服务、发展普惠金融以及支持农村社会经济发展等方面发挥了独特的作用，已经成为新农村金融机构的生力军。然而，村镇银行经营规模小、管理经验积累不足、技术装备水平低，抗风险能力也就更加薄弱。在当前农村金融改革愈发深入的大背景下，面对利率市场化的冲击，互联网金融和成为各大银行蓝海战略布局的竞争激烈的农村市场；在“三期叠加”的大环境下，县域经济发展面临复杂的国际国内因素冲击，村镇银行面临的压力和冲击无法躲避。这两方面让处于蹒跚起步的村镇银行面临巨大的外部风险。村镇银行既要承受做大总量与提升质量的双重压力，又要面临加快发展和深化管理的双重任务。因此，探索村镇银行持续稳健经营所必需的全面风险管理理念，尤其是探索全面风险管理机制和技术手段，从而塑造出村镇银行全面风险管理为本的企业文化，促进村镇银行审慎、稳健、持续经营，具有独特的学术价值和应用价值。

二、研究目的

本书的目的在于寻找村镇银行风险量化管理的方法，建构独特的风险识别方案，提升村镇银行风险管理水平。

从差异化、特色化的角度来寻找村镇银行风险量化管理的方法。风险管理是金融机构发展的基础性建设工作，尤其是党的十九大把“防范化解金融风险”确定为决胜全面建成小康社会的“三大攻坚战”之首，因为当前经济运行面临稳中有变的因素，银行业赖以生存的环境面临一些新的问题与挑战，因此，所有商业银行必须树立全面风险管理的理念，把控制风险作为重要的抓手。为此，中国银监会于2009年12月1日印发《农村中小金融机构风险管理机制建设指引》，对农村地区的金融机构的经营过程中风险管理提出指导性的规范管理标准，并指引它们逐步对标《巴塞尔协议Ⅲ》中对风险控制的要求，来提升银行自身的管理能力，不断完善风险管理的机制。快速发展的村镇银行已经与当地经济融为一体，形成千丝万缕的关系网，这使村镇银行的风险管理问题不仅是村镇银行自身的事情，也关乎整个地方的农村金融秩序以及农村社会稳定。村镇银行作为小型的、具有特殊历史使命的农村金融机构，其面临的风险管理问题具有鲜明的特殊性。一是村镇银行作为县域农村地区的小法人，面对的客户群体是县域内新型农村经营主体的农户、小企业、各类合作组织，存款来源较为单一，贷款的资产配置集中度较高，难以实现多元化，对少数优质客户依赖度高，与当地的经济关联度高。二是村镇银行发展才起步，品牌效应有待培育，吸储难度高于其他类型银行，确定其立足的利润来源主要依靠存贷利差，大多村镇银行还没有发放、买卖金融债券的资质，不能经营外汇业务，不能提供信用证服务及担保等业务，缺乏其他盈利渠道，只能通过做强、做大信贷与代理业务来立足市场。然而，其放贷能力又偏弱，也就是面临“缺血”和“造血难”的双重问题。因此，在村镇银行个体规模和群体规模在整个银行业中的占比还较小时，就应该严格遵循银监会出台的《银行业金融机构全面风险管理指引》要求，充分考虑村镇银行服务的现实环境，从现代管理学与主流经济学中吸收营养，构建起村镇银行的风险量化管理的框架，建构独特的风险识别方案，改变原农村金融机构依赖于信贷管理人员用“打分法”的主观度量方法，提升村镇银行风险管理水平，从而提高其整体竞争能力，促进村镇银行安全稳健运行、健康有序发展。

三、研究意义

随着改革的深入发展，为了破解农业农村发展不平衡不充分的问题，国家出台了许多政策，不断加大对县域经济的投入和支持，使广大农村地区的经济呈现勃勃生机的良好态势，但世界经济金融环境仍然复杂多变，我国金融机构信用风险管理面临的结构性矛盾突出、企业的过度融资、居民的负债杠杆急增、政府平台的信用扩张、信用风险与市场风险交叉传染、金融机构防假反假能力不足等问题和挑战，风险管理的复杂性不断上升。这种经济环境决定了金融风险的程度，成长期的村镇银行信贷结构与地方实体经济结构直接关联，再加上我国转型期经济运行的内在结构性矛盾，对村镇银行把控系统性风险提出了挑战，也对其准确把握新增融资投向、有效管控存量融资风险提出了挑战。然而，村镇银行在风险管理方面精准把握风险状况的量化研究薄弱且零散。目前还没有完整、准确和全面地对适合村镇银行风险量化管理模型的论证，尚没有形成一个基础性的、系统的、适应农村金融市场的风险量化管理模式。迫切需要考虑村镇银行服务的现实环境，从现代管理学与主流经济学中吸收营养，构建起村镇银行的风险量化管理框架，因此，此项研究具有重要的理论意义。

村镇银行经过 10 多年的发展，机构数量已达到 1600 多家，资产规模突破万亿元，信贷余额和增量占当地县域银行业的份额不断提升，然而，村镇银行重数量发展的风险隐患逐渐显现，经营风险也越来越突出，例如，中银富登村镇银行的湖北某行长 2012 年 12 月下旬发生了涉嫌诈骗 1.2 亿元的潜逃案、2017 年 2 月宣汉诚民村镇银行的内部人员私刻公章、非法出借同业户导致的票据违约 1.11 亿元案等，使投资者、发起人以及监管者在村镇银行的公司治理和风险管控等问题上拥有了更多的警惕。针对此类风险案件，首要举措是通过对村镇银行的内部制度体系进行优化提升来提高村镇银行的风险管理水平，防止再次发生历史上曾出现在农村金融机构中的各类风险。因此，在支持村镇银行特色化、差异化发展的信贷限额制度、风险控制和支持技术等方面的量化研究比较少的情况下，设计村镇银行风险量化管理的解决方案，具有重大现实意义。

第二节 国内外相关研究的学术史梳理及研究综述

一、关于商业银行风险管理的学术史梳理

风险管理的定性分析集中在风险识别和控制措施方面，戴梅萨和韦伯（De Meza & Webb，1992）认为，在投资项目上信息不对称是产生风险的根源，Allen 和 Gale（2000）认为，商业银行的风险来自于银行信贷的过度扩张所导致的资产价格的提高。孟加拉乡村银行创立者穆罕默德·尤纳斯（Muhammad Yunus）通过创建“借贷小组制”下的激励约束机制来防范信贷风险。国内学者在这方面的研究主要集中在风险管理制度、风险控制及中外银行风险管理比较等方面。陈昊洁等（2010）、雷春晓（2010）等学者对我国商业银行的风险管理问题进行了深入分析，并提出了精细化管理种类业务流程和利用先进的技术对银行业风险进行预警防范；王京春等（2009）、李志成（2006）、曹明（2008）等对中外银行风险管理进行了比较研究，获得了有益的启示。

Altman（1968）提出的风险管理的定量分析 Z 值模型开创了对借款人信用量化评级的先河。目前，形成了四种主流量化管理模型。KMV 公司于 1993 年推出的信用监控模型——KMV 模型，特别适应于债务人是上市公司的情况，风险预测的前瞻性强，反应灵敏；J. P. 摩根于 1997 年推出的信用计量模

型——Credit Metrics 模型，该模型适用有大量历史数据的企业，缺陷是前期数据量要求非常大；瑞士信贷第一波士顿银行于 1996 年推出的精算模型——Credit Risk + 模型，优点是数据需求少，局限是该模型不能适用于单个贷款的风险评估，且违约率与方差数据不能直接计算出来，需要用结构模型从其他市场数据中推导出来；Algorithmics 公司 2000 年研发的未来值模型，即 MtF 模型，该模型是一种全面风险度量的方法，它把市场风险和信用风险整合在一起进行度量，模拟未来情景来测量金融机构的风险，优点是能运用于缺乏历史可比数据的发展中国家和地区，不足是用于模拟的情景范围、风险权重、时间间隔等存在主观性。使用这些模型量化风险，以便区分问题银行和正常银行，判断准确率达到 90% 以上。目前我国银行业普遍采用信用评分法来量化信贷资产的信用等级，通常凭借专家和信贷管理人员的主观判断，选取一些财务指标和根据管理经验得到的其他定性指标，对信贷资产进行打分度量。但是按照新的《巴塞尔资本协议》规定，我国商业银行需要运用信用量化模型建立内部评级体系，因而，我国学者也在实践中开始探索，都红雯、杨威（2004）研究了 KMV 模型运用于我国的风险管理实证中存在的问题；吴军、张继宝（2004）通过对 Credit Metrics、KMV、Credit Risk + 和 Credit Portfolio View 四种主要信用风险量化模型进行的比较研究，探究哪种模型适用于中国的信用风险量化管理问题；刘星（2006）通过四类模型的比较，认为在四个有代表性的现代信用风险计量模型中，Credit Risk + 模型在我国更具有适用性；赵保国、龙文征（2007）运用 KMV 模型，选取我国上市公司小样本数据，度量了其信用风险，他认为该模型能够有效地识别违约，从而有效的控制信用风险。虽然这类研究在不断地深入，但是信用风险量化模型对数据量的要求非常大，而我国商业银行到 2000 年才开始按国际上通行的贷款五级分类法计量资产种类，征信体系的信贷登记咨询系统直到 2002 年才由央行统一建设并在全国联网，目前已积累起来的数据还存在不规范、质量差的问题，因此，对于成立不久的村镇银行而言，怎样对其风险进行量化管理需要继续努力探索。

二、关于村镇银行风险管理的研究动态

国外的乡村银行与微型的社区银行的风险管理方面的研究成果，值得我国村镇银行学习与借鉴。闻名全世界的孟加拉国格莱珉银行风险控制的成功经验，通过 Becker（1991）、Ghatak（1999）等的介绍，认为小组联保贷款模式通过降低商业银行与借款人之间的信息不对称来控制商业银行的信贷风险。Berger、Miller、Peterson 认为，乡村小银行较于区域性或全国性的大型银行更善于处理如借款人性格、日常行为、能力、口碑等来识别借款人风险的“软信息”。Roussakis（1997）的研究发现，金融机构成功运营的关键不是规模的大小，而是其是否具备“有效管理”的能力，这是因为高效的风险管理和经营策略可以大幅度提高金融机构的营业收入。在降低风险管理成本的研究上较为独特的有 Yaron、Jacob（1997），他们认为良好的社会机制可以大幅度降低风险管理成本，用对比研究法验证了亚洲的四个农村金融机构在金融政策、操作方式、激励机制和金融服务等社会机制不同状态下的风险管理成本表现。后来 M. S. Sriram（2002）也证实不同信用制度可以降低风险管理的交易成本，他以印度为样本，其金融机构通过建立良好的信用制度来解决信息对称的问题，完全可以降低风险管理的交易成本。在微型乡村银行类的金融机构的风险控制实践中，无论是众人皆知的穆罕默德·尤纳斯（Muhammad Yunus）创建的 GB 扶贫信贷的基金会模式、印度尼西亚人民银行创建的 BRI 小额信贷模式、玻利维亚阳光银行创建的拉美普惠银行金融模式，还是乌干达国际社会资助基金会（FINCA）的村银行模式，都得益于其团体贷款机制、动态激励机制、分期还款机制等内部独特的风险管理机制的设计，多倾向于定性研究。

国内学者对该问题的研究起始于村镇银行设立后，目前在中国知网能检索的期刊文章已达千余篇，硕、博论文数百篇，报纸报道近百篇，主要是围绕村镇银行风险的独特性、分析信贷风险的成因及防范与控制的措施等几个方面进

行，以定性分析为主，少有学者对村镇银行的风险进行数据收集并系统的进行定量分析。定性分析中被后面的学者引用较多的有鲁蔚、熊玉军（2008）、吴玉宇（2008）、包爽（2009）等的研究成果，分别从村镇银行的信贷风险识别、信贷的约束条件与保障措施以及独特信息传递机制等方面归纳出一系列适合村镇银行这类乡村金融机构的风险管理经验。王光远（2010）对村镇银行的研究表明，在产品设计上应该以亲朋好友和邻里之间的人脉关系作为信贷产品的信用基础，才能使村镇银行与借款双方的信息完全对称，从而最大限度地降低村镇银行的交易成本。在风险管理策略方面，于丽红、陈霞（2011）认为，村镇银行应适应市场利率的定价方式制定出以浮动利率为主的贷款风险定价机制，以及建立起与自身规模相符的高效的信用评估系统与方法，从而丰富村镇银行的风险管理策略。关于村镇银行风险的量化研究方面，付伟铮（2012）尝试性的用 Creditrisk + 模型来计量村镇银行的风险，并提出此模型是最适合村镇银行的信贷风险计量模型。而事实上，后来的学者也证实该模型是以一个贷款组为单位进行的风险度量，不能应用于村镇银行单个贷款的风险估值，因而也不是最优选择。当然还有如韩旺红、张丞（2012）等学者对某个村镇银行的某类数据进行风险量化实证分析的，其中，梁伟森（2016）以 2015 年广东省村镇银行发生的 1907 笔贷款为例，运用 Credit Risk 模型对广东省的村镇银行进行信用风险度量，得出的结论是：该区域的村镇银行在 95% 置信水平下处于风险中的价值占比为 2.89%，在 99% 置信水平下处于风险中的价值占比为 3.23%，这种风险水平相对于国内大多数商业银行风险中的价值占比为 2% 以下来说是较高的，因此，他认为，村镇银行的信用风险较高。但总体来说，对村镇银行进行风险管理量化研究较薄弱，已有的研究成果离现代商业银行全面风险管理的要求还需努力探索与完善。

三、简要述评

综观国内外相关研究，已为银行的风险管理研究奠定了基础和开拓了思路，而村镇银行风险量化管理方面的研究较少，一方面，新成立不久的村镇银行为了自身发展，存在过度放贷的冲动，贷存比偏高；另一方面，我国经济已告别以往的高增长态势，进入深化调整的“新常态”，社会经济下行压力加大，利率市场化进程加速，加上互联网金融的发展，行业内竞争的加剧和金融脱媒等新变化成为常态，这两方面让客户基础、科技手段都较为薄弱的村镇银行面临巨大的外部风险。村镇银行既要承受做大总量与提升质量的双重压力，又要面临加快发展和深化管理的双重任务。因此，新时代背景下的村镇银行风险管理研究具有独特的学术价值和应用价值。

目前在该领域存在两个方面问题：一是村镇银行风险管理的量化研究薄弱且零散。目前还没有完整、准确和全面地对适合村镇银行风险量化管理模型的论证，尚没有形成一个基础性的、系统的、适应农村金融市场的风险量化管理模式。二是缺乏村镇银行风险量化管理的解决方案。对支持村镇银行特色化、差异化发展的信贷限额制度、风险控制和支持技术等方面的量化研究比较少，更缺乏在村镇银行起步时就建立起全面风险管理的解决方案。国内既有关于村镇银行的风险管理的理论研究还处于基于某类风险的基本范畴，即回答了商业银行信用风险或者市场风险的量化问题，由于村镇银行的业务与市场的独特性，因而其研究用的量化模型出现了不能完全适用的情形。

因此，迫切需要构建村镇银行全面风险管理的框架体系，设计出村镇银行对风险进行识别、计量、监控管理的方案，并提出改变村镇银行以防范损失为主的风险管理，把风险管理与其战略决策融合在一起的方法及建议。有鉴于此，本书基于差异化、特色化的视角，统筹考虑村镇银行内外部的各种风险因素以及事后管理本身的发展方向，运用具备一定的全面性、创新性和前瞻性的 MtF 模型建构出村镇银行的全面风险管理框架。并从理论上阐释村镇银行的流动性风险隐患不容忽视、信用风险管理手段不足、操作风险管控能力有待加强等方面问题，探索运用 MtF 模型这类全面风险管理的技术，对其整体风险的识别、计量、监控及制定全面合理的内控措施与完善的审计、报告、报表等的解决方案，实现村镇银行风险识别的完善性、计量的科学性及监控的有效性，提升其全面风险管理的水平。

第三节 研究思路与方法

一、研究的基本思路

本书以习近平新时代中国特色社会主义思想为指导，按照中央经济工作会议精神和重点工作部署，努力探索县域新型金融机构的风险防范与化解的行动方案，系统的研究村镇银行这类新型金融机构经营中面临的风险如何量化管理的问题。第一，通过理论分析厘清村镇银行的风险特性及量化管理的背景，厘清村镇银行风险量化与管理的关系，以确定理论上找到解决风险的识别、计量、监控及制订合理的内控措施的解决方案的依据；第二，阐述 MtF 模型的基本特点，并分析为什么选用该模型作为村镇银行风险量化管理的工具；第三，应用 MtF 模型设计村镇银行风险量化管理的具体方案；第四，用一个案例证实该模型提供的具体解决方案，是一种可行的风险管理技术，既方便管理，又能提高银行的管理水平；第五，得出 MtF 模型适用村镇银行风险量化管理的结论。课题紧扣基于未来情景的村镇银行风险分析结构和三维风险模型结构（MtF）的量化管理模型这一核心，通过对业务情景的数据采集、整理、保存、计算和挖掘的方案设计，对村镇银行的潜在风险进行量化分析，得到科学的量化数据，并据此调整风险管理策略，提高村镇银行抵御风险的能力。

二、研究方法

1. 定量分析法

MtF 模型，也称未来值模型，是对村镇银行未来值的计量，需要运用多种定量分析的工具，如应用蒙特卡罗模拟对村镇银行某产品的每种情景可能有几种风险损失概率，组成矩阵，利用现代计算机技术测算出这种产品的风险敞口与相应额度，运用损失分布法（Loss Distribution Approach，LDA）的计量方法计量操作风险、市场风险、信用风险、信贷额度的控制、资产与负债管理等。

2. 系统论方法

村镇银行风险管理根据未来风险事件的情景模拟来估算资产的风险价值，并通过银行方、信贷产品组合结构和客户方组成的三维情景数据矩阵结构，也就是 MtF 的核心技术——风险的三维集成就是运用系统论方法、控制论方法和信息论方法为代表的系统科学方法完成的。

3. 个案研究法

从村镇银行中选取安徽长丰科源村镇银行为特定研究对象，应用 MtF 模型对其各类风险进行识别、计量、监控管理，弄清该模型的应用特点及其量化过程。

第四节 研究的创新点

一、本书的主要观点

1. 村镇银行面临的各类风险必须进行科学的量化管理

村镇银行的流动性风险隐患不容忽视、村镇银行的信用风险管理手段明显不足、村镇银行的操作风险管控能力有待加强等，从理论上阐释这些问题的存在，迫切需要村镇银行找到 MtF 模型这类全面风险管理的技术，对其整体风险的识别、计量、监控及制订全面合理的内控措施与完善的审计、报告、报表等的解决方案，实现风险识别的完善性、计量的科学性及监控的有效性，提升其全面风险管理的水平。

2. MtF 模型是村镇银行风险管理的好工具

要改变村镇银行过去以防范损失为主的风险管理，把风险管理与其战略决策融合在一起，使用 MtF 模型最佳，因为它测出的是银行在具体某一时间下的某一产品在某一预期情形下的未来值，更符合风险管理的本质，成功管理好风险的前提是对风险进行精准测量，测量风险的方法就应该集中于未来的事件，而不是过去事件。采用定量研究的未来值模型（MtF）法，建立我国村镇银行的风险量化管理系统，该研究方法的创新可能对村镇银行风险管理的进步带来贡献。

3. 基于 MtF 模型的村镇银行全面风险管理方案的设计

基于 MtF 模型的风险管理系统采用统一的核心分析引擎和统一的数据库，首先，对风险的解决方案采用四层结构（数据层、模拟层、后处理层、报表层）进行配置，也就是说通过数据采集和整合、模拟和分析、汇总和后处理、数据和报表展示自下而上的四个层面，完成风险量化管理，以保证村镇银行实现不同业务应用的风险计算和分析建立在统一的标准之上。其次，该模型通过多因子模型、蒙特卡罗定价模型、情景生成模型和用户自定义模型等不同的方法来识别风险，再经风险集中度分析、关键利率分析、收益率曲线分析、蒙特卡罗模拟、假设比较分析、优化组合和压力测试等计量分析功能来精准计量风险。最后，通过信贷单一客户的限额设置与限额监控、对信贷资产的相对与绝对风险分析、时点的资本计量、定期报告生成来完成对风险的监控功能。

4. MtF 模型仅是全面风险管理技术的一种量化模型

村镇银行必须借助现代计算机信息系统才能完成计量的模型，仅是一种风险计量的技术工具。现实中大量事实已经说明，不是所有的风险都能用模型进行量化的，模型始终仅是总体风险管理方法的一部分。银行管理者要了解该模型，熟悉 MtF 模型的内在经济行为和风险传导机制、数据基础、适用条件和范围，明确其前提和假设等局限性，管理者始终视它是全面风险管理方法的重要部分，但不妨碍管理人员用常识进行判断，实现以风险计量和资本管理为主的定量管理与定性管理相结合。

二、本书的可能创新点

1. 理论研究的创新

国内既有关于村镇银行的风险管理的理论研究还处于基于某类风险的基本范畴，即回答了商业银行信用风险或市场风险的量化问题，由于村镇银行的业务与市场的独特性，因而其研究用的量化模型出现了不能完全适用的情形。本书基于差异化、特色化的视角，统筹考虑村镇银行内外部的各种风险因素以及事后管理本身的发展方向，运用 MtF 模型建构出村镇银行的全面风险管理框架，具备一定的全面性、创新性和前瞻性。并提出村镇银行的流动性风险隐患不容忽视、村镇银行的信用风险管理手段明显不足、村镇银行的操作风险管控能力有待加强等，从理论上阐释这些问题的存在迫切需要村镇银行找到 MtF 模型这类全面风险管理的技术，对其整体风险的识别、计量、监控及制订全面合理的内控措施与完善的审计、报告、报表等的解决方案，实现风险识别的完善性、计量的科学性及监控的有效性，提升其全面风险管理的水平。

2. 实证研究的创新

基于 MtF 模型的理论框架，注重模拟未来情景，构造了 MtF 立方体（MtF cube），引入情景、时间、基本产品三个维度的变量，创新性估测出该银行在具体某一时间下的某一产品在某一预期情形下的未来值。这样计量出来的风险值更符合风险管理的本质，成功管理好风险的前提是对风险进行精准测量，测量风险的方法就应该集中于未来的事件，而不是过去事件。采用定量研究的未来值模型（MtF）法，建立我国村镇银行的风险量化管理系统，该研究方法的创新可能对村镇银行风险管理的进步做出贡献。

三、突出的特色

1. 以全面风险管理为研究基础

本书研究突破既有某种类型的单一风险研究的理论框架，运用经济学理论、管理理论、系统论、控制论和信息论等多学科交叉融合开展了理论的创新性研究，构建了村镇银行全面风险管理的新框架体系。

2. 以建立详细方案设计为研究目标

本书研究是为村镇银行由原来的机构拓展和网点布局的量的扩张转向全面风险管理质的飞跃阶段建构起独特的风险识别与控制问题，并设计出详细的方案，平衡好风险与收益的关系，走上可持续发展的道路，有利于提高学术研究的价值性。

3. 以能具体指导计量过程的操作为行动定位

本书立足村镇银行发展的国情，特别是县域农村区域的风险特性，以及小型银行类金融机构发展的市场规律等，以改变村镇银行过去以防范损失为主的风险管理，把风险管理与其战略决策融合在一起。通过个案的分析，具体说明按照小银行灵活的经营方式，贯穿于各个层级各类风险管理决策的全过程，包含整合了内部环境、设定目标、风险识别、风险评估、风险应对、风险控制、信息与沟通、管理监控相互关联的八大要素，根据信息及时动态的调整资产结构、负债结构及杠杆率水平，实现村镇银行在其可承担的风险范围内收益最大化，提升风险管理水平。

四、主要的建树

第一，构建了村镇银行全面风险管理的框架体系。

第二，设计了村镇银行对风险进行识别、计量、监控管理的方案。

第三，提出了改变村镇银行以防范损失为主的风险管理，把风险管理与其战略决策融合在一起的方法及建议。

第二章　概念界定与研究的理论基础

第一节　研究的相关概念

一、村镇银行

村镇银行是指经中国银行业监督管理委员会依法批准，由金融机构发起设立，境内企业法人、境内自然人出资，在农村地区设立的主要为当地农民、农业和农村经济发展提供金融服务的股份制银行业金融机构，属一级法人机构。

根据《村镇银行管理暂行规定》，村镇银行具备以下四个特点：

1. 地域和准入门槛

村镇银行机构设置在县城及县域的乡镇，只能服务于某一县域或农村地区的金融服务机构，其准入门槛较其他金融机构来说较低。《村镇银行管理暂行规定》明确了在不同地方设立村镇银行的门槛不同，在乡（镇）设立的村镇银行，注册资本不得低于人民币 100 万元；在县（市）设立的村镇银行，注册资本不得低于人民币 300 万元；在地（市）设立的村镇银行，注册资本不低于人民币 5000 万元。

2. 市场定位

村镇银行的市场定位于“支农支小”：一是满足县域内农民的小额贷款需求；二是服务当地中小微企业。为有效满足当地“三农”发展需要，确保村镇银行“支农支小”政策的贯彻实施，在《村镇银行管理暂行规定》中明确规定村镇银行不得发放异地贷款，在缴纳存款准备金后其可用资金应全部投入当地农村发展建设，再将富余资金投入其他方面。

3. 产权结构

村镇银行实行“发起人制度”，是指必须有一家符合监管条件、管理规范、经营效益好的商业银行作为主要发起银行来设立村镇银行，且单一金融机构的股东持股比例不得低于 20%，单一非金融机构企业法人及其关联方持股比例不得超过 10%。由此可见，村镇银行的发起人处于相对控股的产权结构。为了鼓励民间资本投资村镇银行，银监会于 2012 年 5 月出台《关于鼓励和引导民间资本进入银行业的实施意见》，将主发起行的最低持股比例降至 15%，法规上有促进村镇银行多元化产权结构的意图。

4. 治理结构

村镇银行作为独立的一级法人机构，根据现代银行业的组织标准和其管理决策的复杂程度与业务规模，设置了一行三会的组织构架，按照科学运行、有效治理的原则，村镇银行建立了扁平化的治理结构，由于其管理层次少，因而其决策的响应速度相对较快，业务流程简易便捷，与农村各类型客户的金融资金需求相吻合。

村镇银行特殊的服务地区和服务对象，加之中国特殊的市场环境，中国的村镇银行面临农村金融市场不发达不完善、征信体系建设滞后、存贷款成本较高等问题，这就使村镇银行的风险管理尤其需要得到重视。

二、银行风险管理

风险是指预期结果的不确定性。20 世纪 60 年代风险管理为了管理可保风险才建立起基本框架。银行在经营过程中，为了保障经营的安全，避免未来的不确定性发生不利于银行的稳健经营，必须通过一定的技术手段对未来的不确定性进行管理。银行作为经营货币的特殊企业，是货币的创造者，更为重要的是它是一个国家货币供应过程中最重要的组成部分，其经营具有特殊的风险，它的盈利是通过承担风险才能获得的，所以说银行是经营风险的特殊企业。因此，国家为确保货币供应的相对稳定性，要求银行必须加强风险管理。由于银行是信用的创造者，单一银行经营的风险具有扩散性、传染性，因此，国家监管机构会对银行业风险加强监管，通过限制单一银行机构的风险暴露，避免整个金融体系内产生若干家银行倒闭的“多米诺效应”，防止诱发整个社会经济的大震荡。

银行风险管理，本书是指银行金融机构通过对自身业务上有往来的各类经济主体风险的识别和辨认、计量和分析，通过投入较少的经营成本获得最大的经营安全保障，从而取得最大收益的一种金融管理办法。

银行风险管理的目标是通过科学的方法处置与控制、分散与转移风险，防止和减少损失，以保障银行的正常经营活动能顺利进行，最终实现商业银行盈利的经营目标。这一目标能否实现，不仅取决于银行的管理方式和组织机构的设置，也取决于银行职员的知识水平和管理技能。银行风险管理的实施必须注重以下四个方面的内容：

1. 组织安排上设置专门的风险管理部门

银行本是经营风险的企业，它通过承担不能及时收回资产的风险，将其转化与抵补可能出现的风险，并且将这种可能的风险植入金融产品设计和服务定价中，通过承担风险来获取利润。可见，风险对于银行来说是一把“双刃剑”：既是银行存在价值的体现，又是颠覆银行的原因。如果银行管理不当，风险就会侵蚀银行利润，股东投资就得不到预期回报，甚至会发生破产倒闭，股东血本无归的极端情况。所以风险管理对于商业银行特别重要，是商业银行生存与发展的根基与灵魂。因此，无论是商业银行自身，还是监管当局都把风险管理放到越来越重要的位置上，必须设置专门的风险管理部门。专门设置的风险管理部门不仅是重要的职能部门，同时也是承担对外联系相关的政府监管职能的部门，又是承担对内定期检查和监督各业务部门的具体风险管理措施和目标是否实现的监督职能的部门，而且还是承担全面风险管理文化塑造的部门。总之，银行在组织安排和部门设置上均必须体现防范风险的思想。

2. 经营理念上坚持稳健经营第一的原则

我国商业银行经营的三性原则中安全性是放在第一位的，这就要求银行各部门的管理人员，无论是经营决策，还是指导具体业务的操作，都把各种风险因素放在首位来考虑，权衡好风险与收益的关系，不能只注重收益而不顾风险，一定要在确保安全的前提下来寻求收益的最大化。以前银行业通常对难以预知的行业状况和潜在不良风险采取以高扩张实现高增长、以高增长覆盖高风险的措施，这种套路已是明日黄花，在现如今激烈的银行业竞争市场下，要活下去进而实现高质量发展的商业银行，必须走风控先行、提质增效的可持续发展道路。

3. 业务上要有具体风险控制措施

银行必须制定风险分散或风险转移的保护措施，通过将各种各类风险的量化、分散与转移风险措施的具体化以及管理的制度化来确保开展不同业务所带来的各种风险在银行自身能够承受的范围之内。

4. 财务上采取稳健的会计原则

稳健的会计原则也称保守性或谨慎性原则。银行的财务会计应在执行权责发生制的同时，按照稳健的会计原则，在财务上处理应收未收款、呆账准备和盈余分配之类的资产时，可以选择一定的会计处理方法，尽力争取金融监管部门的支持，选择对银行所有者权益（或净收益）影响最谨慎的方法，作出适当的处理，以确保银行的资产质量，增强银行抵御风险的能力。

三、未来计值（MtF）模型

未来计值（Mark－to－Future，MtF）模型是由 Algorithmics 公司于 2000 年

研发推出的一种全面风险度量的方法，该公司成立于1989年，是专为全球企业风险解决方案的供应商。MtF在风险度量时既考虑了银行风险管理者的偏好、产品的定价、客户的违约概率等因素，又整合了市场风险、操作风险和信用风险等多种类的风险因素。模型的基本原理是通过对未来风险事件的情景模拟来估算资产的风险价值，模拟的过程是通过构造“MtF立方体”（MtF Cube）进行的，该立方体由情景、时间、基本产品三个维度组成，即估测未来风险是通过具体某一时间下的某一产品在某一预期情形下的未来值。该模型的基本运作过程可分为两个阶段。第一阶段是基础，计量未来不确定性的风险：首先定义好模拟情形及时间期限两个维度，其次定义基本产品集第三个维度，最后根据情景、时间、基本产品这三个维度的数据，按不同时间段出现的不同情景对基本产品价值变化进行模拟计量。第二阶段是在第一阶段数据计量的基础上确定风险控制的策略。依据商业银行的具体资产，把前一阶段模拟计算出来的风险价值，同某一具体组合资产之间建立一种映射关系，通过这种映射关系，使管理者清楚地知道哪种资产组合的风险价值更高，以便应用于银行的整个风险管理活动。MtF模型这种基于商业银行未来可能出现的某种情景模拟来估测风险的方法，完全不同于其他量化模型那种依据历史数据和市场过去的数据来度量风险的做法，应用该模型量化银行风险的结果更接近于风险的本义，因为风险本是指未来的不确定性。用MtF模型度量银行风险的关键点在于情景的合理选择和使用何种情景模拟技术来较准确地预判银行未来的情形与真实现状相符，一般可用的模拟方法有模型模拟法、历史模拟法、情形代理法、主观判断法和情形引导抽样法等。MtF模型用于度量刚发展的村镇银行有着独特的应用价值，这是由于村镇银行缺乏长期的历史积累下来的可比数据。诚然，任何模型都有其应用的条件与局限，MtF模型也不例外，该方法的局限之一就是存在一定的主观性，在预测未来情景时，对于某情景的时间间隔、范围及风险权重都是由技术使用人主观确定的，可能与银行现实面临的风险状况有差距；还有就是在情景模拟中对风险管理人员计算能力的要求比较高。

第二节　研究的相关理论

对本书具有重大指导意义的相关银行风险管理的理论主要有以下三种：

一、早期的风险管理理论

资产收益理论。在早期的商业银行实践与理论研究中发现，利润最大化和资产流动性风险的矛盾始终伴随着银行的整个经营过程，管理上必须通过对资产结构的恰当安排来满足银行流动性、安全性和营利性的需要，才能达到银行利润最大化的目标。从经营的角度来看，就是银行的资产管理理论；从风险的角度来看，就是用已安排资产的收益率的期望值来度量商业银行的预期收益、用标准差来度量商业银行的风险，通过对未来银行资产的期望值与方差来研究资产结构安排的收益情况。早期的资产收益理论体现在马科·维茨（Marko Witz）的资产组合理论中，是用方差来衡量银行的风险，经过哈洛的 LPMn 方法形成了较成熟的计量风险的理论体系。下偏矩风险（Lower Partial Moments，LPM），哈洛的 LPMn 方法是替代原马科维茨用方差度量风险的新方法，意思是只有资产收益分布的左尾部分才被用作度量风险的计算因子，经理论研究者和实际操作者的大量研究和实践证实，该方法具备计量的便利性和风险理论的完善性，同时度量出的风险贴近现实状况和真实心理感受。该理论对于银行如何安排资产与负债结构有重要的指导意义。

二、近代的风险管理理论

在险价值理论（Value at Risk，VaR），指计量某项资产在给定的置信度下的一定时期内的最大期望损失值，该理论的出现使预测银行的组合资产在未来某时期内的最大可能损失进行计量成为了可能，目前，在正常的市场情况下，VaR 仍然是一种重要的风险管理方法之一。随着金融市场中的风险越来越复杂，对于风险这个未来损失的不确定性 VaR 值的计量，该理论研究出现了多种方法，目前还在不断完善中，最有代表性的是 Risk - Metrics 方法和 Credit - Metrics 方法。方法是将银行的组合资产分类，分别求出各类资产的 VaR 值，再根据各类资产所占权重来计算银行所有组合资产的 VaR 值。在险价值理论其实是从量化的角度来认识与衡量银行的风险，无论是理论还是实务，VaR 值只是测量金融机构市场风险的数理统计模型，对于诠释银行的小概率、大规模风险上存在缺陷，因此，后来理论上又发展了弥补 VaR 值缺陷的压力测试法。我们在研究中运用 MtF 模型测度某情景下的单一资产的风险时，也要应用 VaR 技术。

三、现代的风险管理理论

整体风险管理理论（Total Risk Management，TRM），是指银行在风险管理中综合考虑资产的价格、损失的概率、自身对风险的偏好三要素，进行系统和动态的管理，以期达到风险承担与风险偏好之间的均衡，实现银行自身可承受的风险且获得最大的风险报酬。该理论是从系统决策角度提出的一种风险管理理论，改进了 VaR 风险管理技术重在考虑资产损失概率（Probabilities）的单一因素，增加了资产价格（Prices）和偏好（Preference）两个因素，更加符合银行风险管理的最终目的，达到了对一定量的风险进行控制的目的。该理论的整体性还在于它是由几个单层级管理者组成的银行主体，从整体上考虑能最大限度地承担与控制风险，避免某一层级管理者的行为造成银行整体上遭受过大的风险，就能避免如盲人摸象式的风险管理，不仅能摸对一部分，还能在总体上不出错。

全面风险管理理论（Enterprise - wide Risk Management，ERM），它是对银行组织结构体系所有风险进行标准化度量的一种全面风险管理方法。该理论的核心思想是从银行机构整体的角度，对整个银行内部所有业务单位和业务环节的不同种类的风险进行全面有效的整合管理，它强调对银行整个经营过程进行管理，由董事会、经营管理层和风险控制人员等执行管理，把风险管理思想应用于银行战略制定中且贯穿于所有的经营活动之中，目的是识别与管理好潜在影响经营的因素在银行自身的风险容量之内，并能为银行所有目标的实现提供保证。这里的银行所有目标是指战略目标、经营目标、报告目标与合规目标四种类型。为了达到这四种目标，必须整合银行的内部环境、目标设定、事项识别、风险评估、风险应对、控制活动、信息与沟通、监控八个相互关联的要素，按照银行经营的方式，贯穿于银行各个层级包括整个公司、职能部门、所有业务条线及下属子公司等管理的全过程。全面风险管理理论对于管理银行的整体风险提出了四种基本策略：资产规避策略、负债规避策略、股权规避策略和杠杆调节策略。

可以看出，现代的风险管理理论已经超越了早期风险管理以防范损失为主的理论研究阶段，它不仅考虑防范可能的损失，也控制和风险对冲及风险定价与经济资本配置等，银行的风险管理是以盈利和风险溢价为中心的活动。这已经不是停留在一项风险管理活动层面上了，而是上升到银行的战略管理层面上了，与银行的战略决策融合在一起，成为银行管理的核心内容。该理论对于指导现在的村镇银行风险管理具有重要的指导意义，管理者不能还停留在早期的风险管理思想阶段，应建构起全面风险管理的框架。

MtF 模型就是全面风险管理技术的一种量化模型，它的理论框架是注重模拟银行经营中的未来情景，构造一个 MtF 立方体（MtF cube），引入情景、时间、基本产品三个维度的变量，创新性估测出银行在具体某一时间下的某一产品在某一预期情形下的未来价值。这样计量出来的风险值更符合风险管理的本质，成功管理好风险的前提是对风险进行精准测量，测量风险的方法就应该集中于未来事件，而不是过去事件。采用定量研究的未来计值模型（MtF）法，建立商业银行的全面风险量化管理系统，是当前实践与理论研究的前沿性问题。

第三章 村镇银行的风险特性及量化管理的背景

第一节 村镇银行的风险特性

村镇银行经历了10多年的发展，延续了良好的发展态势，已成为我国农村金融服务体系中不可或缺的组成部分。然而，面对竞争越来越激烈的金融市场，面对国际国内金融业风险管控复杂性上升的外部环境，处于成长期的村镇银行，较之于其他股份制银行，规模小且不具备政府的隐性担保背景，信誉积累普遍较低，还未能形成一个可持续的稳定的资金来源渠道，这也决定了村镇银行经营中面临的风险异常严峻。

村镇银行的市场定位是“立足当地、立足社区、立足基层、支农支小”来增加农村区域范围的金融供给。这种定位确定的经营市场环境和服务对象，按传统银行的经营方式与渠道，必然面临运营成本高、风险控制成本高、获取信息成本高，而获得的利差收益低、中间收益低的“三高两低”局面。

村镇银行的经营风险除面临宏观经济增速低位运行、经济结构性矛盾突出、结构调整持续深入、企业过度融资、信用风险与市场风险交叉传染、风险不断出清、银行防假反假能力不足等共性问题之外，还有其独特性。

一、风险偶发性大

这是由村镇银行的市场定位“支农支小”所决定的，由于支农产业的独特性，使其贷款风险突发性较大，因此，受自然、市场价格等多方面因素造成的违约概率也较大。例如，2017 年 7 月底湖南省出现的强降雨天气，使许多瓜农及农作物生产的经营户面临突发损失。村镇银行的客户以农户、农业中小企业为主，客户所从事的农业生产活动存在季节性和分散性特质，贷款需求大且急，而贷款风险控制中要求的可利用的有效抵押担保较少，信用记录缺失，使贷款的交易成本很高，还要面临不可控的自然界突发性的风险以及市场中如疯牛病、禽流感暴发时所产生的突发风险，使村镇银行要面临的经营风险具有偶发性。

二、风险集中性较高

村镇银行经营范围多集中在一个县域的小区域内，区域内普遍存在产品层次低、产业雷同、重复建设、恶性竞争等一系列问题，村镇银行为了加快发展、提升市场份额来立足县域市场，在短时间内难免在选择较优的行业和客户上倾向于重点选择，从已有的村镇银行经营情况报告中发现，多数村镇银行的单一客户贷款集中度指标非常接近银监会监管要求的≤10%，时而有些村行还超过了该指标值。这种贷款集中度偏高的情况下，一旦这类客户违约，规模较小的村镇银行难以承受损失。

三、风险收益不对称

近年来我国农村处于快速发展的商品经济时期，在各类基础设施加快建设中，商品流通加速，经济主体对资金需求旺盛且频繁，而农村的各类经济主体由于自身底子薄，所能带来的银行存款规模小，这类客户基础就决定村镇银行的贷存比偏高。集中在县城和乡村的这些客户之间大多交叉持股、经营不规范、账面信息记载不全、小企业之间又互保联保等现象普遍存在，还有一部分客户无信用信息记录，村镇银行为降低风险需要多次进行贷款调查，无形中增加了信贷审查的成本，成本的增加与风险收益不对称。

第二节　村镇银行风险的量化管理背景

作为维护全球金融稳定的风向标，《巴塞尔协议》不断探索如何量化管理银行风险，已经从 1988 年《巴塞尔协议Ⅰ》侧重于信用风险的量化标准，到 2004 年《巴塞尔协议Ⅱ》增加了市场风险的量化标准，再至 2010 年《巴塞尔协议Ⅲ》全面风险量化的标准制定，量化监管理念和思想逐步走向成熟。2012 年之后又陆续完善和细化了“风险管理体系”的各项标准，主要是针对全面风险管理要素中的公司治理、风险偏好、风险文化和风险报告等陆续发布了一系列国际标准，旨在使监管规则具有操作性强，能具体实行。《巴塞尔协议》是全球银行业最具有影响力的监管风向标。中国银监会于 2007 年 2 月发布《中国银行业新资本协议实施指导意见》，确定我国银行业按《巴塞尔协议Ⅱ》实施新资本协议的政策框架，同时大力推进全面实施《巴塞尔协议Ⅱ》的相关基础设施的建设、银行内部数据的积累、风险管理能力等各个方面规制建设，积极推动商业银行实施全面风险管理工作。2009 年 3 月中国正式加入巴塞尔银行监管委员会，标志着我国全面参与银行监管国际标准的制定与逐步接受巴塞尔委员会的各项标准。从此，我国银行业的监管改变了原单一的资本监管主线，扩展到全面领域的风险监管，形成了银行的全面风险监管体系。

全面风险管理体系对银行的风险的识别准确性、计量的科学性及监控的有效性提出了很高的要求。为此，《巴塞尔协议Ⅰ》到《巴塞尔协议Ⅱ》的风险计量方法复杂性不断提高，《巴塞尔协议Ⅱ》细化了各类风险计量的方法。例如，用标准法、模型法、内部评级法、高级计量法等，增加了计算银行风险加权资产的复杂性，提升了银行对资本监管的风险敏感性。在我国，村镇银行根据监管部门 2009 年下发的《农村中小金融机构风险管理机制建设指引》的文件要求，必须逐步建立和完善全面风险管理和控制制度。运行了 10 多年的村镇银行，其风险管理制度与体系还需不断完善，距离全面风险管理体系的要求尚存在较大的空间。由于村镇银行的经营业务以传统的存贷款为主，风险较大的表外业务涉及的很少，仅涉及了一些银行承兑汇票业务，因此，它所涉及的市场风险主要是由利率波动造成的，相对于其他同业来说，面临的市场风险较小。村镇银行最主要涉及的风险是流动性风险、信用风险、操作风险和声誉风险四类。

村镇银行的流动性风险隐患不容忽视。自成立 10 多年来，业务市场份额占比不到 1% 的村镇银行，说明社会对其的认知度还不高，加上村镇银行物理网点设置因素的影响，获取资金来源的能力非常弱，即使存款挂牌利率比基准利率上浮到比当地其他金融机构高的水平，由于它的金融服务产品不丰富，难以满足居民家庭日益对资产进行组合管理以实现收益最大化的要求，其市场份额仍然难以在短时期内得到提高。当地政府为了扶持弱小的村镇银行立好足，成立之初存放了一定比例的财政性资金，因此，在其负债结构中，单位存款占比较大，部分村镇银行单位存款占比高达 90%，而当地财政预算存款占单位存款中的比例高达 30%；储蓄存款占比很低，储蓄存款中又以活期存款为主。这种对大进大出的财政性存款依赖度过高、储蓄存款占比过低的负债结构，严重影响了村镇银行存款稳定性，加大了负债业务期限匹配管理的难度，加剧了村镇银行流动性风险。因此，村镇银行在流动性风险管理上存在两种不足：一是流动性风险控制体系不健全。多数村镇银行仅满足达到监督部门的流动性比例的监管指标要求，没有瞄准高标准的流动性覆盖率的监管指标，部分村镇银行未能结合实际制定专门的流动性风险管理办法，也未设定专人负责管理流动性风险工作，使流动性风险控制制度、体系与机制不健全。二是风险识别和监测方法较传统，未利用现代科技信息预测未来风险。目前，监管部门要求银行按季开展流动性风险压力测试的要求只有村镇银行普遍不达标，即使有些村镇银行开展了压力测试，也只是流于形式。科学预测未来流动性需求的能力明显不足，据统计，在发生存款准备金欠交事件的法人机构中，村镇银行占据较大比例，这说明村镇银行的流动性管理存在的风险隐患更大。

村镇银行的信用风险管理手段明显不足。一方面，村镇银行难以充分利用征信管理系统。村镇银行是某一县行政区域内经营的小银行金融机构，客户群体集中在县城与乡镇，且要深挖那些原难以得到县域内其他金融机构服务的客户群体，这些客户无信用信息在银行业的征信系统内留痕，其他相关信用信息必须花费更多时间与精力去整合整理，这就增加了信贷审查的交易成本。再加上刚成立时的村镇银行未加入中国人民银行的个人、企业征信系统，有些是利用主发起行的便利查询客户的征信情况，有些是借助当地的农村信用社或农村商业银行通道进行征信查询，这又增加村镇银行信贷审查的交易难度，没有直接查询的便捷，无形中增加了交易成本。还有的村镇银行为了降低征信查询的麻烦，要求客户自己提供征信报告才能获得信贷支持，虽然对村镇银行来说更为简单方便，但存在客户提供不真实信用信息的风险隐患。另一方面，村镇银行的信贷客户群体缺乏符合银行要求的担保品和抵押物。县域内小型的法人银行相比较于城市商业化的金融生态，存在很大区别，服务的客户主要是农村居民、个体工商户和小微企业，普遍存在其资产难以作为银行的有效抵押物的情况，加上主要从事农业方面相关生产的特性，从而导致其有效担保不足的问题。按现有银行的抵押担保制度，这些客户必须寻找第三方担保，但这样会导致增加客户的信贷成本，从而失去客户信贷的需求。为了开拓业务，许多村镇银行增放信用贷款的额度，部分村镇银行的客户抵质押贷款占全部贷款的比例尚不足20%，而小微企业与个体工商户缺乏真实有效的财务信息，业务经营变动大，灵活性强，普遍存在交叉持股和互保联保的现象，这些随时可能爆发的隐蔽性信用风险，村镇银行并没有其他的风险抵补能力。

村镇银行的操作风险管控能力有待加强。这些管控能力主要体现在村镇银行全体员工对外的监管政策上和对内的内控制度掌握程度、制度执行及岗位制衡的设计等方面。全面风险管理体系要求银行制定合理的内控措施与完善的审计、报告、报表等外审规则。而村镇银行的内部控制基础较为薄弱，有效性相对不足，内部审计的检测和纠错功能难以正常发挥。主要表现在三个方面：

（1）内控制度适用性不强，执行力也不到位。大多数村镇银行存在照搬主发起行内控制度的情况，未能够结合自身业务实际，制定实用有效的制度体系；内控制度过于简单，部分制度更是形同虚设，难以发挥对规范内部管理、明确业务流程等方面的指导作用。内控制度的执行方面也不够到位，例如，账户开立资料审查不严格，不能及时发现无效授权；征信异议处理不规范，未按内控流程要求留存相关书面记录等问题。

（2）员工业务素质整体不高，岗位设置也不尽科学。与其他银行业金融机构相比，村镇银行员工业务素质整体水平偏低，对监管政策钻研不够深入，对金融风险的预测能力和防范意识不足，业务经验也相对欠缺。村镇银行是小型银行机构，从业人员较少，但麻雀虽小，五脏俱全，银行业的各业务岗位都要有人负责，因此，为解决业务量很小的岗位必须有人负责的要求，只能采取兼任的办法来实现银行的人均创利最大化的经营目标。村镇银行的员工兼岗情况普遍存在，甚至出现在不相容的岗位之间兼职的村镇银行，它们没有坚持关键岗位的分离与制衡原则，只把经营利润放在第一，为业务发展埋下风险隐患。

（3）审计力量薄弱，不能及时揭示实质性风险。多数村镇银行未设置审计部门，把审计与财务合在一起，有的村镇银行连专职审计岗位也没有设立，其内部审计工作主要由主发起行开展。主发起银行开展的审计工作是作为股东的角色来开展的，并非是以法人自查自纠的方式及早发现问题便于及早解决问题的审计工作，其频率不固定，审计内容也不是针对早发现问题、早解决问题的全面审计工作。因此，可以看出，村镇银行的审计力量薄弱，对内控制度执行情况的检测功能弱，潜在风险的发现和纠错机制缺失，难以及时、有效地揭示内部控制的薄弱环节和实质性风险并加以纠正和完善。

村镇银行的声誉风险管理几乎处于空白。村镇银行的声誉风险相对于信用风险、市场风险和操作风险，更具有无形性的特征，直接损害的是村镇银行的名声、声望、信誉、竞争力、市场信心等无形资产，导致的损失数额、期限难以具体衡量和估算。正因为这种无形性，导致村镇银行日常的监测比较困难，加上其具有突发性，防范难度更大，其传播速度之快，波及面之广，只要发生不利于村镇银行的金融案件，声誉影响很可能引发公众对村镇银行的信任危机。由于村镇银行成立不久，声誉风险管理尚处于起步阶段，对于舆情风险事件和声誉风险事件的管理和完善需要一个过程。多数村镇银行没有设置舆情监测部门或没有明确由哪个部门负责舆情管理，有的只在应急处理制度中对声誉风险略有提及。整体说来，村镇银行缺乏对声誉风险和相关应急处理机制的管理。一旦发生不利的舆情引起挤兑类的流动性风险事件，必将难以及时应对。

这些问题的存在迫切需要村镇银行在全面风险管理的监管背景下找到对风险的识别、计量、监控及制订合理的内控措施与完善的审计、报告、报表等外审规则的解决方案，及时应对面临的风险，提升其风险管理的水平，达到全面风险管理的监管的要求。

第三节 村镇银行风险量化与管理的关系

风险量化是指衡量风险发生的概率和风险对项目目标影响的程度，它是依据风险管理计划、风险条件的排序表、历史经验数据、专家的专业判断及其他的计划成果，运用灵敏度分析、决策分析与模拟的方法与技术，得到需要判断风险大小的量化序列表及所需应急风险的资源等具体数值结果。村镇银行的风险量化主要是指用于衡量其经营过程中发生风险的概率及不同概率的风险对其经营目标的影响程度，量化的根本目的在于精准的辨别风险信息，并能用正确的方法测算该风险的大小，从而有利于村镇银行管理层做出精准的风险管理决策。银行风险管理的根基是对其面临的各类风险进行准确的计量，准确计量风险不仅是金融监管部门确定资本监管的前提条件，也是商业银行自身进行经济资本配置得以有效实施的重要依据。前面对村镇银行的经营风险分析可知它们具有的偶发性、集中性、风险收益不对称性以及风险损失的不可预测性等特性，缺乏历史积累的管理经验，决定了对它直接进行计量具有一定困难。因此，我们需要利用现代科技管理的新技术手段，拓展风险管理的视野，综合国内商业银行有特色的风险管理经验及国际上成熟的量化技术管理手段，为村镇银行这类小型金融机构设计出集风险识别、计量、确认、评估、报告等于一体的依靠现代科技技术的全新监督流程，建构便于量化管理的模型为风险识别引擎的全新管理模式。

中国银监会在《农村中小金融机构风险管理机制建设指引》的文件里明确规定："农村中小金融机构应高度重视管理信息系统的建设，逐步实现经营管理的信息化，提高风险管理有效性。建立贯穿各级机构、覆盖各个业务领域的数据库和管理信息系统，满足对各种风险的计量和定量分析，及时、准确地提供经营管理所需的各种数据，实现对各类风险的监控和预警，满足风险管理内部报告和对外信息披露的要求。"根据文件要求，村镇银行这类小型金融机构必须建立相关制度，逐步完善信息系统的运行数据、设备安全、运行环境的安全。一旦出现各类风险的险情，应及时记录建档并建立报告制度。这些报告制度包含依据不同业务风险特征实施差异化的报告方式，规定的报告路径即哪类风险向谁报告，详细规定报告的频次与报告的具体内容等，同时要求风险管理条线的纵向报告路径要具备独立性。

因此，村镇银行为顺应监管部门的要求，做好风险管理工作，首先得做实风险计量工作，风险量化是风险管理的基础与前提。只有在风险管理的流程上架构几个功能模块，完成数据的筛选以及风险事件的收集、计量、评估等量化工作，才能准确的生成风险管理报告，精准的判断风险的大小，科学地做好管理工作。

按照银监会的要求，依据风险量化与管理的关系，村镇银行的风险管理应按以下五个步骤进行管理信息系统建设：

（1）做实数据筛选工作。任何量化工作都需要对相关业务数据进行采集与数据预处理，这是量化工作的前提，应用现代科技系统建立这两个模块，自动实现对风险系统的数据筛选工作。这种科技系统通过预先设定的时段从村镇银行的各项业务交易中采集对公结算客户、个人金融客户、银行卡客户、电子银行客户等各类交易数据信息以及银行员工、账户、管理部门等相关管理数据信息，汇总并进行分类处理及时传递至事后的信息管理系统。这些信息可能在计量单位、数据格式等方面存在着很多不同，信息系统还需对这些不同格式与计量单位的数据进行标准化预处理，使其转化成统一单位、适合信息系统数据处理的格式。

（2）收集并完整记录各类风险事件。建立风险信息管理系统的核心是实现对各类风险进行实时监控，通过整个系统的风险监测、各业务条线的质量检测以及履职管理模块与参数管理模块结合共同来实现对风险的监控。在信息系统中经过第一步的预处理的核心交易系统数据后的格式化数据，再通过数据质量检查规则、管理模型条件设定和对关联参数信息进行筛选后再进行过滤，将可能导致损失的信息及时展现。对于信息系统展现的这些准风险事件信息，第一时间传递给风险管理人员，风险核查人员结合相关数据信息，采用模拟此类资金交易与客户背景的分析方法还原场景，运用科技信息系统的凭证影像和远程视频等工具对整个疑似风险事件进行全面分析与诊断，对存在风险疑问的业务信息及时对证查询，并写明查询原因。经各级风险核查人员对可能是正常、也可能是风险的事件及时查证后进行风险等级的确认，从而完成风险事件的真实确认，并将确认的风险事件与发现的问题录入到该信息系统，从而完成对某种风险事件的完整记录与资料收集工作。收集到的风险事件将纳入银行信息管理系统进行统一管理。在日常的管理中，风险管理人员还可根据管理模块对信息系统的参数进行及时设置，根据设置信息的变化定时对风险数据库的监测参数进行更新，来适用于变化中风险事件的数据处理，为后续准确计量风险、评估风险环节提供准确的数据信息。

（3）计量风险值。管理信息系统有预先设计的各种计算方法，风险管理人员只要依据计量指标库模块中对已经收集的包含风险率、风险度和风险暴露水平等指标的风险事件，选定任何一种方法，信息系统能按预先设置的参数对输入的数据自动进行计量，依据风险管理层级、风险稽核人员、经营业务、服务产品等不同维度，算出不同的相关风险指标数值。

（4）评估风险大小。管理信息系统中的综合统计模块是完成评估风险大小的，该模块可以对某类业务特定情况的运行风险状况及其变化趋势等进行模拟、综合分析，并统计出风险的大小值。管理信息系统的综合统计模块要求存留一定经济周期的数据，风险管理人员可以针对不同时期的数据展开纵向比较，以识别出特定业务面临风险冲击的具体影响因素，发现业务运行风险在不同范围内的特征与发生概率的规律等。该模块一般能够支持因素分析、比率分析、趋势分析等各类分析方法来评估风险的大小。

（5）生成风险报告。量化管理信息系统不仅把各类风险事件与相关信息，通过用户接口模块，按照金融监管对风险分级管理的要求及时提供给相关业务部门、风险管理层及辖属管理机构等。还支持各相关部门按照机构、专业、时间段等不同维度进行方便灵活的查询，便于相关管理人员开展针对性的风险分析工作，生成风险管理报告，帮助银行做出科学管理的决策。

这种风险量化管理系统紧密结合村镇银行风险管理和日常经营的实际情

况，既考虑了内外部的各种风险影响因素，又考虑了事后风险监管本身的要求，具有极强的前瞻性。村镇银行通过业务风险的计算实现经济与监管资本的计量和调整，可以确定经济资本的分配从而确定各类业务量化限额，进而通过各类量化限额对具体业务进行管理，这样的风险管理具有创新性和全面性。

第四章　适合村镇银行风险量化管理的 MtF 模型

第一节　MtF 模型的基本特点与村镇银行风险量化管理的适用性

Mark－to－Future（MtF）量化模型不是基于过去的历史数据和已获得的经验数据来度量风险，而是基于科学预测的未来情景模拟数据来测量风险。Mark－to－Future 模型是与 Mark－to－Market 盯住市场模型相对而言的，应用该模型建立在科学预判的情景模拟（Scenarios）的基础上构建一个全面风险测量与信息管理系统。该信息系统不仅是一个具有前瞻性、一体化、可动态调整的全面风险精准管理的新框架，也是科学预测中一个基于模拟技术的风险管理系统。Mark－to－Future 与应用方差、Risk MetricsTM 的 VaR 标准（J. P. Morgan，1996）技术这类用历史情况来预测未来风险的后向观察法（Backward－looking）不一样，它注重模拟未来情景来预测未来的风险。MtF 模型的基本原理是通过对未来风险事件的可能发生情景进行模拟，综合分析估算不同情景下银行资产的风险价值，整个过程是通过构造 MtF 立方体（MtF Cube）进行的。该立方体由情景、时间、基本产品三个维度组成，即估测未来风险是通过具体某一时间下的某一产品在某一预期情形下的未来值。测出来的风险值更符合风险管理的本质，未来的不确定性是风险的本质，成功管理好风险的前提是对风险进行精准测量，测量风险的方法就应该集中于未来事件，而不是过去事件。因此，Mark – to – Future 是建立在未来情景模拟基础上的涵盖银行各部门、各种业务的全范围内的风险测量与信息管理系统，是 21 世纪以来全球众多金融机构采用的风险管理技术。

MtF 模型的核心问题是对未来可能发生的情景进行预判，遵循科学的计量方法计算出银行某资产在该情景下的价值。从资产的时间价值角度来看，用 MtF 模型计量出银行资产的未来值可以理解为银行某个资产组合现金流的终值。管理者依据经验难以确定这个终值，为了便于管理者决策，必须对目前不能确定的终值进行准确的预估。根据资产时间价值计量的科学方法必须考虑三个因素：银行信贷资产组合中的金融产品种类、计算资产终值的时间长度和未来盈亏变动的各种情形（如图 4 – 1 所示）。

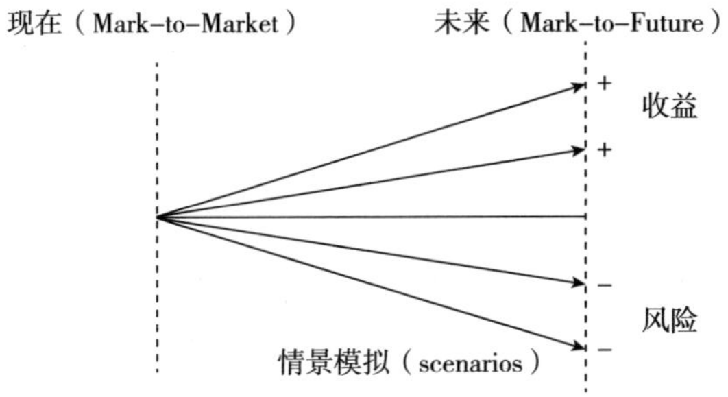

图 4 – 1　Mark – to – Future 概念说明图

MtF 模型所考虑的银行信贷资产的未来价值，就是根据组合资产未来情景进行模拟，每类资产预测出未来不确定性中好的一面的概率与差的一面的概率，分别计算收益与风险值。显然，这种情景模拟是银行整体组合资产的模拟，比银行单个金融产品的情景要复杂很多，还要考虑银行不同金融产品之间是否存在相关性，要考虑在不影响结果准确性的条件下如何简化情景模拟计算终值的问题。为此，MtF 模型构建了形象的 MtF 立方体概念。

MtF 立方体（MtF cube）是 MtF 模型用于预判银行资产未来值的核心。所谓立方体是指 MtF 模型构建了一个集情景、金融产品和时间段三个维度的信息载体，该信息载体包含了某个产品在某情景和某个未来时段的价值和其他信息，而整个 Mark – to – Future 立方体包括所有产品在所有情景和所有未来时间段的资产价值，也就是银行管理者对银行资产的未来所有值的预测（如图 4 – 2 所示）。

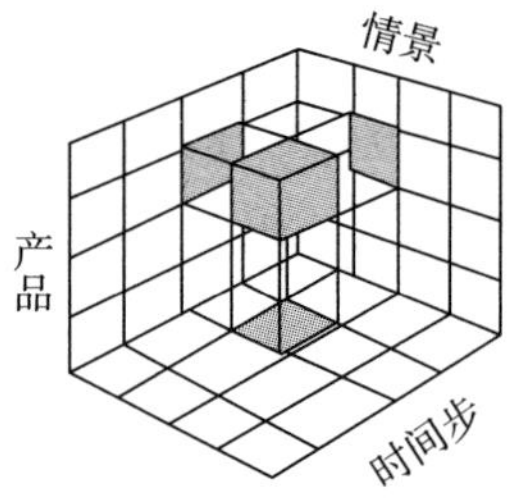

图 4 – 2　MtF 立方体示意图

MtF 立方体的每一个单元是指在给定模拟情景下的给定期限内给定产品的风险/收益度量的指标值，由于银行的基本产品与给定产品之间存在着映射关系，因此，MtF 立方体的每个单元的指标值是以基本产品向量的形式存在的。MtF 立方体模型的这一思想是受到 Risk Metrics 中的风险映射概念的启发，见 Morgan J P（1996），通过这种映射关系，使银行各种各类的金融产品能用有限的基本产品来表示，从而简化了 MtF 模型对风险测量时的输入要素。

在 MtF 立方体构造中，考虑到小型银行机构的风险管理能力，无力进行大规模、专业化的构建 MtF 立方体风险管理的基础工作，而 MtF 模型设计的专业服务公司在为其提供基础数据服务时，银行又担心保密级别高的具体组合头寸情况泄露，不愿提供详细的经营数据，为避免这类尴尬，MtF 立方体在实施中设计了前立方体构造阶段和后立方体构造阶段两个互相独立的阶段。建构前立方体阶段时只需要三个步骤：第一步是确定立方体的平面模拟情形与时间期限两个维度；第二步是确定立体图的第三维基本产品集；第三步是对不同情形和时间期限下的基本产品价值变化进行模拟。这三步中不涉及银行具体资产组合的头寸持有情况，因此，前立方体构造阶段由专业的服务公司可以提供用以对时间期限和不同情形下的基本产品价值变化进行计算模拟。建构的后立方体构造阶段是由银行自己能完成的自定义的具体风险分析，用不着担心商业机密的资产组合头寸情况泄密，同样也按三个步骤设计：第一步各银行可以根据自己具体的产品组合策略与 MtF 立方体第一阶段的基本产品之间建立映射关系；第二步银行可自主选择系统中的一种方法用于计算汇总组合的未来值模拟结果，并据此生成风险与收益比的统计报表；第三步银行风险管理人员将 MtF 模拟计算的结果应用于根据管理层既定的战略目标来进行资产配置、业绩评价和风险监管等方面。这两个相互独立的阶段构造，使 MtF 模型极大地方便了中小型银行机构的风险管理。

从 MtF 立方体概念中，可以得知运用 MtF 模型对银行机构进行风险管理具备三大基本特点：

（1）用情景模拟法计量的是风险未来值。情景模拟是通过分析未来可能发生风险的各种情景因素，在一定期限内联合演变成可能对经营产生的影响，并对这种影响进行计量从而得到未来不确定性的价值。这个未来值可用简化的公式表示：

$$m_{ijt}=f\ (u_{1jt},\ u_{2jt},\ u_{3jt},\ \cdots,\ u_{kjt}) \qquad (4-1)$$

其中：t 表示时间，j 表示情景，i 表示产品；u_{kjt}（$k=1,\ 2,\ \cdots,\ k$）表示在时间 t、情形 j 下风险因素 k 的值；m_{ijt} 表示在时间 t、情形 j 下，基本产品 i 的 MtF 值。

MtF 模型在模拟情景分析中所要考虑的是银行面临的多种风险因素，包含内、外部潜在的重大风险因素，这些因素分析与压力测试（Stress Testing）有很大的相似之处。模拟情景选择的目标是尽可能覆盖银行未来事件的发生范围，因为情景模拟是在前立方体构造阶段，所以不必考虑其是否实际发生，发生的可能性问题在构造后立方体阶段时需要计算风险/收益的统计值时才需要考虑。因此，未来值只需要计算一次，就可作为后阶段许多不同的风险分析的共同输入值。模拟情景的关键是情景的合理选择，因为 MtF 模型中的情景决定了市场的流动性，以及不同交易对客户的信用录入情形从而影响到组合 MtF 值的未来分布与组合策略的动态变化。

MtF 模型的信息管理系统在模拟情景分析中可供银行选择的情景模拟技术一般有五种，分别是基于模型的模拟法、历史模拟法、主观判断法、情景引导抽样法和情景代理法。根据目前村镇银行的情况可以选用较合适的情景代理法，该方法是由银行风险管理人员根据多年的管理经验与直觉预设情景，并通过对预设参数的调整来实现数据的动态调整，从而依据不同场景所得的计量数据结果来决定选取的最优决策的分析方法。这种数据分析有专有的名词用来描述这类分析情景，就是 What - if 分析法，它是信息决策支持系统中重要的分析方法之一，它比较适用于村镇银行这类经营机构，因其经营时间短，经营中历史数据又缺乏，当市场面临急剧波动时，难以找到过去自身参数变化引起的目标变量值的情景。因此，风险管理者可用 What - if 分析决策系统，在本国与村镇银行相同县域的金融市场中的类似金融机构（农村商业银行）风险因素的历史数据中，找到类似的变化情景，从而决定把该情景的数据参数应用于当前市场和当前的风险因素进行压力测试，来供村镇银行进行情景模拟分析。

MtF 模型的情景分析的目标是准确计量银行潜在的风险损失，情景预测的基础是银行现实中的风险因素。虽然情景分析认为未来的发展是不断变化的，有多种可能的发展趋势，其预测结果也将是多维的，但为了便于计量，减少计算量，又不能偏离真实情景而失去准确性，MtF 模型设计了现代计算技术可行又切实可用的情景模拟技术，该技术的假定条件是：在给定情景中的种类资产组合值是前立方体构建的基本产品值及银行持有基本产品数量的线性函数；给定情景和信息系统的各类因素、信用事件独立构成条件信用；给定情景和信息系统的各类因素、服务产品价格独立构成条件的特殊风险。

（2）风险的比较基准与后悔值。当银行进行风险管理时，在考虑某资产的风险的同时会考虑该资产带来的收益。MtF 模型在进行风险与收益的综合平衡中考虑未来风险/收益的框架是首先确定风险的比较基准（Benchmark），其次综合考虑风险的损失值（也称后悔值）以及方差和 VaR 等指标值，最后再评估出某组合资产经风险调整后的业绩。

风险的比较基准是指一种资产的组合风险值是相对于另一种资产的组合风险值而言来确定的，这个作为比较的另一种资产就是新测量资产的比较基准。我们知道，风险的大小是相对的，即一种行为结果相对于另一种行为结果而言的，并不是一个绝对的量。银行在风险管理中衡量风险大小时，如果各类信贷组合的贷款总量保持不变，判断新增的风险时要考虑是否来自新增客户的类型或单一客户的贷款增量或市场价格的波动等相关因素，这种风险测量不仅是考虑新增的因素，更重要的是变动后的新组合收益与持有原组合之间的比较。通过把原组合作为比较基准与新组合进行比较，便于对不同情景的风险因素的把握，可以减少不必要的风险承担，从而通过风险收益最优均衡来调整收益、满足监管要求，获得竞争优势，实现稳固的业务收益最大的回报。

后悔值也称损失值。由于 MtF 模型中非常重视比较基准的作用，充分考虑到了风险测量的相对性特点，在计算资产组合的未来值时，由多头头寸和比较基准的空头头寸所组成，如果两者相比的差值为正，模型显示为收益；如果两者相比的差值为负时，模型显示为后悔值也就是损失值。正是这个后悔值的设计，才体现了 MtF 模型能准确地描述风险的主观和客观特征，真实反映风险的不确定性，构成风险测量的理想指标。理论上来说，测量出来的风险/收益是最优平衡状态的有效前沿值，如图 4 - 3 所示。

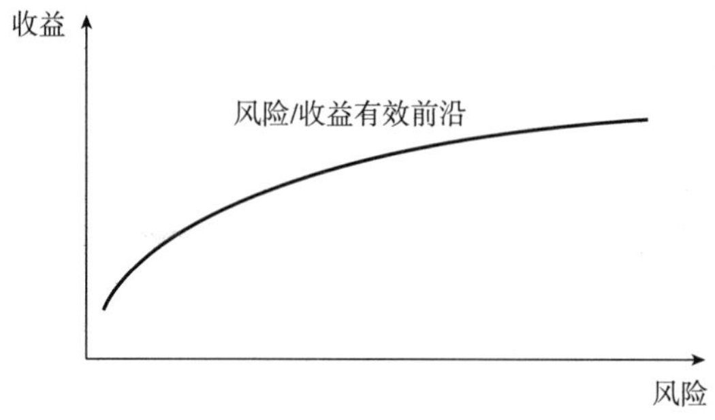

图 4－3　风险/收益的有效前沿

所谓最优平衡状态，测量出来的银行的信贷组合资产的风险/收益值应位于有效前沿上，如果落在有效前沿线下方的组合无效，应对该资产组合进行改进。风险/收益有效前沿值可根据公式求得：

$$e_p(k) = Maximize_x: RewardSubjettoRisk < k \quad (4-2)$$

$$x \in X$$

式中 k 表示风险水平，x 表示某个资产组合；$e_p(k)$ 表示所测组合资产的最大收益值。Reward 与 Risk 测出的是任何风险和收益指标值，在不同的风险水平 k 下，求解问题（2），就得到如图 4－3 所示的有效前沿值。银行管理者依据这个有效前沿值，就可以对风险进行重组、产品合理定价、合理进行资本配置、对不同组合资产进行套利以及资产负债管理等方面的工作。可以看出在 MtF 模型中，银行要通过单个风险数值来整体把握组合资产的风险特征，这样测量风险不仅是一项被动的识别风险活动，也是一种重要的风险管理工具，是对风险测量结果的高级应用，应用于银行产品组合优化，使其风险/收益结构始终保持在最优状态。

应用 MtF 模型作为风险的管理工具，通过反复比较风险的比较基准，结合后悔值、方差、VaR 等系列的指标值，评价调整前后的风险/收益值的表现，确定那种组合是落在风险/收益的有效前沿线上，因此，经风险调整的估值组合是最优组合。这种风险调整的过程可用公式形象的表达：

$$U_t^R = E\left[U_t^R\right] - \lambda E\left[D_r^R\right] \tag{4-3}$$

其中：t 表示期限，R 表示组合策略，λ 表示风险厌恶系数；$E\left[U_t^R\right]$ 表示在 t 期 R 组合资产的预期上边；$E\left[D_r^R\right]$ 表示在 t 期 R 组合资产的预期下边，U_t^R 表示风险调整后的估值。这种调整后的估值反映了银行组合资产潜在的营利性，当 $\lambda > 1$ 时，反映了银行对所投资产品的风险厌恶程度。银行管理者可以形象的把预期上边 $E\left[U_t^R\right]$ 视为一种看涨期权，预期下边（即后悔值）$E\left[D_r^R\right]$视为一种看跌期权，经风险调整的估值 U_t^R 就是两者的组合。这种看涨与看跌期权用公式表示为式（4－4）、式（4－5）：

$$E[U_r^R] = \sum_{j=1}^{s} P_j \cdot \max(M_{jt}^R - f_{jt}, 0) \tag{4-4}$$

$$E[D_r^R] = -\sum_{j=1}^{s} P_j \cdot \min(M_{jt}^R - f_{jt}, 0) \tag{4-5}$$

式中 P_j 表示各种模拟情景的概率权重，s 表示选择的若干种情景，M_{jt}^R 表示银行资产组合策略 R 下组合资产的未来值，f_{jt}表示评价中风险的比较基准值。银行管理者通过成交价格、期限相同的两种支付函数，其资产组合的未来价值的看涨看跌期权计量出来，其指导意义也就一目了然了，计量的指标值为正的话，则银行的这种资产交易是划算的，如果为负值，那么要考虑是否进行这项交易，或者重新调整这项交易，使调整后的资产组合价值落在看跌/看涨的有效前沿上，使风险/收益保持在最优状态。

（3）整合了市场风险与信用风险。在 MtF 模型用于银行风险管理之前，有两类模型是用来测度银行的信用风险的：一类是个别客户违约的信用风险模型，另一类是所有信贷资产组合的违约信用风险模型。它们只是基于个别与组合两个不同层次来测试信用风险，并没有涉及市场情景因素来测量风险，因此，测量的信用风险与市场风险是脱节的。在 MtF 模型框架下，这两类信用风险模型都通过考虑的情景因素而把信用风险与市场风险整合在一起了。

前面我们已经知道，MtF 立方体模型引入了风险映射技术来计算银行各种情形下具体资产组合的各项风险/收益的统计指标值。统计测量中设定情景时必须考虑信用风险因素，毫无疑问，测得的结果中必然包含了信用风险的信息。测量中该方法是把得到的未来值转换为适用 MtF 模型中的信用风险测量的指标值，由潜在信用暴露、实际信用暴露和总信用暴露转换为组合信用损失，转换公式分别为：

$$AE_{jt}^{R}=\max\ [m_{jt}^{R},\ 0] \tag{4-6}$$

$$PE_{jt}^{R}=\max_{t}<t^{*}<T\ [m_{jt}^{R^{*}}-AE_{jt}^{R},\ 0] \tag{4-7}$$

$$TE_{jt}^{R}=AE_{jt}^{R}+PE_{jt}^{R} \tag{4-8}$$

其中，m_{jt}^{R}组合是 R 在第 t 期、第 j 种情形下的 MtF 值，AE 表示实际信用暴露，PE 表示潜在信用暴露，TE 表示总信用暴露。市场风险就是在这种转换过程中纳入了考察对象，与个别交易的信用风险综合在一起考察。同样，组合信用风险模型也整合了市场风险因素。后来，这种组合的信用风险模型，又引入了信用驱动器直接得到了组合的随机信用暴露和违约/迁移概率（Iscoe et al.，1999）。这就使计量的信用损失值是建立在多步时间基础上，且是与市场风险指标相一致的值。

这种能整合银行的所有资产，实现全面风险管理的量化管理模型，方法透明，易于理解，对银行资产组合随时间变化而进行全动态完全模拟，可以捕捉客户的信用变化、产品到期、现金结算、再投资等细节，提高计量的准确性，且能一次计算，多次使用，实现日间风险计量，方便“what - if”分析，可用于信用风险、资产负债管理等多领域。

综上所述，MtF 模型是通过情景模拟把银行面临各种各类的风险融为一体，提供一个可动态调整的、富有前瞻性的风险管理新框架。该模型突出特点是有效的情景模拟技术，特别适用刚起步不久的村镇银行风险管理的需要——历史经营数据少，组织化程度比较低，没有原来定性管理的路径依赖。村镇银行选择对数据要求比较低、对组织要求比较低、可以根据村镇银行未来发展的特点考虑风险管理，这正是未来计值 MtF 模型的长项。

第二节　MtF 模型已被全球各类银行机构运用的情况

世界权威风险杂志 *RISK* 连续三年选择了全球 1160 家不同类型不同规模的金融机构作为样本进行风险管理技术问卷调查，统计数据显示："基于情景假设的风险分析结构"和"三维风险模型结构"的 MtF 风险管理系统在风险管理技术中名列榜首，Algorithmics 公司于 2001 年获得该杂志年度技术研发最佳奖。

研发 MtF 模型的 Algorithmics 公司是拥有近 900 名风险专家的专业研究企业风险管理的机构，在全球设有近 30 个办事处，"专注于风险"是该公司的核心商业价值，其风险管理产品与技术在全球 30 多个国家和地区中使用，在多个国家的多种类型金融机构积累了丰富的风险管理经验。在 *RISK* 杂志的"2010 技术评级"（2010 Technology Rankings）中，Algorithmics 在企业风险管理领域仍保持领先地位。基于风险管理的优势，2011 年被 IBM 以 3.87 亿美元收购。

从 Algorithmics 官网上可知，MtF 模型是全面风险管理的成熟解决方案，它既综合了操作风险、信用风险和市场风险等不同类型的风险，又包含了抵押品和资本管理的可扩展的各种风险。已经在超过 100 家的世界级金融企业中得到应用，是被证实了的金融机构优秀风险管理方案，它能够将不同业务线、组合、工具及产品间各类形式的敞口进行联系，从而提供给银行机构一致性且可验证的风险评估方案。应用该模型能够帮助银行提高识别风险信息质量，达到监管当局的要求，以达到银行资本分配的最优化，制定更佳的业务决策。MtF 模型的风险解决方案有三个方面的优势：一是有灵活的基于未来情景的分析框架；二是集成了所有层级上的风险计量，全面且准确度高；三是可降低风险管理中的运营和维护成本，该模型可满足银行业务条线的发展要求，灵活选择单一或可扩展的数据结构及高性能的风险引擎，方便根据业务发展情况进行扩展来集成新的风险管理工具。据 2005 年 Algorithmics 公司的统计数据显示，世界上超过 60 家银行和金融机构使用 MtF 模型进行风险管理，其中，有 20 多家银行获得了当地监管机构的认可。到 2017 年时，全球的前 100 家银行中就有 70 家在使用 MtF 量化模型。银行使用 MtF 模型法计算来配置的风险资本量要少于其他方法计量的风险资本量，因而极大地减少银行对风险资本的需要量，促进了银行资本充足率的提高。现实中在一家中等规模的欧洲银行已经得到了证实，使用 MtF 模型的风险管理系统后节省了两亿欧元的资本。

MtF 模型也就是中文所说的未来计值模型，是用来完成银行风险管理中的计量和监控，注重对风险的定量分析的。它与早期的 KMV 公司（1993）推出的信用监控模型——KMV 模型、J. P. 摩根（1997）推出的信用计量模型——Credit Metrics 模型、瑞士信贷第一波士顿银行（1996）推出的精算模型——Credit Risk + 这三款量化风险管理的模型进行比较，早推出的这三款量化模型适合于银行现有的资产组合在当前的风险水平评估，因为它是基于已有的资产组合评级的历史数据和第三方评级机构的评级来度量风险的，而 MtF 模型的做法完全不同，是基于模拟出未来情景来测量风险的，从这一点讲这种方法更接近于风险是未来的不确定性的本质，它所测得的风险更适合直接用于事前的风险决策。该模型基于未来情景模拟来测量风险对于缺乏历史可比数据及成熟的评级机构的中国来讲，有特别的适用性。为了推进 MtF 模型对中国金融机构风险管理的适用性，2004 年 5 月 Algorithmics 公司与北京国永融通系统集成有限公司合作成立了 Algorithmics 中国金融风险实验室，目的是实施 MtF 金融风险分析工具的本土化（本地市场行情数据整合、风险模型本土化修正、操作界面的全面汉化），以保障 MtF 模型能够在中国的金融业务环境中发挥其性能优势。通过一年的努力，中国金融风险实验室于 2005 年 4 月完成 MtF 模型交易组合市场风险分析系统的本土化工作，向国内各类金融机构发送 220 多个试用操作账户和密码，以便各类金融机构通过实际操作对 MtF 模型的投资市场风险分析系统进行性能评估。而且，实验室从 2005 年 4 月 1 日起开始按照生成方式进行市场风险管理系统的生产运行。通过这种生产方式的运行，实验室已经积累了大量的市场风险管理、维护、生产的实际经验，并由此向中国用户提供具有实际管理、维护、生产经验的项目实施和售后服务技术支持。实验室强化风险量化管理的理念正在对中国金融业提高识别、计量和控制风险的能力产生重要的影响，中国金融业风险量化管理水平逐步得到提升。当前，我国大型金融机构已使用内部模型来计量风险和监管资本，中小金融机构也积极跟进，借鉴资本管理高级法，可调整优化银行的资产组合，提高银行资本的使用效率，推进银行全面管理流程再造，由原来的“干了再算”向如今的“算了再干”转变。

第三节 运用 MtF 模型对村镇银行进行风险管理可能面临的问题及解决办法

自巴塞尔协议推出的全面风险管理体系后，对银行风险的识别准确性、计量的科学性及监控的有效性提出了很高的要求，因此，风险量化分析方法被银行业广泛地学习、接纳、吸收和运用于自身的管理活动中，成为银行提高经营管理水平、提升品牌形象的重要举措。尽管借助 MtF 模型可以提高风险管理能力以及接轨巴塞尔协议风险计量系统，但考虑到村镇银行目前和将来的业务方向和风险管理功能需求，运用 MtF 模型可能面临一些问题。

一方面，由于量化模型自身的桎梏，任何模型都是现实世界的抽象，简化掉的信息中往往隐含着价值的源泉，模型的决策信息具有相对性和差异性。任何模型都是在假设条件下使用的，在既定条件下再输入必要的变量，如果在假定条件不同的情况下输入这些变量或输入的变量出现错误，那么容易产生模型风险。在 MtF 模型中，情景的合理选择和使用何种情景模拟技术是关键点，但用于模拟的各情景的风险权重、模拟的时间间隔及情景的范围等这些变量的确定都存在主观性且缺乏经验，不可能完全穷尽现实中出现的风险及概率。而这些忽略的情景或概率变量可能对银行风险/收益所产生的影响造成潜在的风险，但没有被管理者重视。前面分析得知，测量出来的风险值具有相对性，也就是说模型输入的信息具有相对性，从而导致应用模型测量风险结果的相对性。因为在建立 MtF 模型过程中，多次运用变量分组，这种分组本质上是对变量进行了离散化和标准化处理，而经离散化与标准化处理了的变量，可能会放大或缩小现实事务的差异，偏离了真实情况。例如，银行对不同客户群体的不同特征的连续性变量进行分组，把逾期天数这类变量分组多与少，均会影响 MtF 模型测量风险的数值，但事实上逾期 30 天与逾期 31 天的两个客户并不意味着很大差距的违约可能性，把他们划分成不同的变量进行分组，实质上是放大了两个客户特征之间的差异。另外，MtF 模型对未来情景的模拟是在制度环境稳定、未来市场完全有效的假定条件下进行的。假若正常市场环境被破坏，制度不稳定，导致资产价格快速下跌或市场缺乏流动性造成市场失效，这种条件下所计量的风险值也就失效了。现实中大量事实已经说明，不是所有的风险都能用模型进行量化的，模型始终仅是总体风险管理方法的一部分。

另一方面，村镇银行经营时间不长，规模实力弱，单一主体难以承担引进 MtF 模型整套风险管理系统的成本以及缺乏对风险管理的政策、程序、计量、监控、资本配置的风险量化分析方面的专业人才。MtF 模型不仅是量化模型，也是一种计算机模型，还是一种风险计量的技术工具。村镇银行本身信息系统的建设配套问题还有很长的路要走，应用 MtF 模型的三个维度——某个产品在某一情景和某一将来时间的价值来获取所得的信息时，需要大量数据的计算，必须借助专业公司开发的软件，整套风险管理系统的成本对于单一一家资本实力弱的村镇银行来说，难以承受，且在业务开发初期，难以聘用到或培养出这类风险量化分析方面的专业人才。

解决办法之一是村镇银行的决策者一定要对 MtF 模型的双面性认清、认透。将它作为一种管理工具，在风险产品定价、银行资本配置、授信审批等风险管理中以及公司治理中发挥量化模型的积极作用，降低银行管理中人与人之间沟通协调的成本，促进经营数据与客户资料等档案材料的收集工作，从而提高信息处理的效率及提升各业务流程的自动化程度。在经营管理中利用模型中统一的业务策略标准和风险偏好，调整优化的产品组合等来充分发挥风险量化工具的作用，促进银行金融产品创新，实现业务发展和风险控制的有机统一。

银行管理者要了解该模型，熟悉 MtF 模型的内在经济行为和风险传导机制、数据基础、适用条件和范围，明确其前提和假设等局限性，管理者始终正视它是总体风险管理方法的重要部分，还需要管理人员结合常识进行风险判断，实现以风险计量和资本管理为主的定量管理与定性管理相结合。

解决办法之二是依托主发起行设立的村镇银行管理部对所控股的村行实行集约化管理，引入一个信息系统进行风险管理，从而实现小银行、大平台，达到规模效应。这正迎合了银行监管部门的“提升村镇银行批量化组建、集约化经营和专业化服务水平”的要求。尽管村镇银行主发起行制度的具体实现形式在政策上一直探索，从 2010 年中国银监会发文提出三种模式：总分行制、管理总部制、控股公司制，到 2011 年周慕冰（时任中国银监会副主席）提出的区域性管理总部、村镇银行子银行两种模式，再到 2016 年尚福林主席提出投资管理行模式，每种都存在法律与制度或政策目的相冲突的地方，但监管要求主发起行对村镇银行的风险兜底，此点毋庸置疑。风险管理系统因专业性强，单一一家村镇银行自己做不了，应当外包，而风险管理系统又属核心事项，只能外包给主发起行。如果主发起行是大中型商业银行，还要防止照搬母行风险管理系统，最好借鉴一直在农村金融市场耕耘的农村商业银行的风险管理系统。因为，自 2007 年 2 月中国银监会发布《中国银行业新资本协议实施指导意见》以后，中国各类型的商业银行大力推进新资本协议实施规制建设，于 2010 年 4 月 30 日完成全面摸底的“预评估”工作。而各省的农村信用合作社（改制为农村商业银行）由省联社统一引入信息化管理系统后，对于量化管理方面的风险识别、分析、监测与控制功能，结合自身的风险偏好、业务战略和资本需求三方面之间的互动关系做了很多探索，积累了一些经验。农村商业银行与村镇银行有类似的外部环境以及客户对象。

第五章　应用 MtF 模型解决村镇银行风险量化管理的方案设计

第一节　MtF 模型对风险的识别、计量、监控管理系统

村镇银行需要具备一个稳定、可靠、透明的风险管理系统，它应该能够适应业务不断发展的需要，同时提供符合监管要求的风险识别模型、完整的计量手段、强大的计算功能和能提供清楚完整的文档资料。

MtF 模型风险管理系统在中国本土化建设了 10 多年，已建成统一的数据库系统与核心的引擎分析处理工具，通过采用四层结构——数据层、模拟层、后处理层、报表层的配置来解决风险管理的问题，也就是说通过数据采集和整合、模拟和分析、汇总和后处理、数据和报表展示自下而上的四个层面，完成风险量化管理，以保证商业银行实现不同业务应用的风险计算和分析建立在统一的标准之上。以下分四个功能模块来介绍 MtF 模型对风险的识别、计量与监控管理系统。

（1）数据转换模块（Risk Mapper，RM），专门用于数据转换。它可以接受用户传来的任何 CSV 格式的文件，随后将这些文件转化为 MtF 模型风险管理系统要求的属性与格式文件相符合的标准数据。可以根据不同的金融工具类型及源数据来进行配置。配置好的产品在批处理时会自动将用户提供的源数据转换为系统要求的数据。该模块还提供了与国内及国际市场行情数据相连接的接口端，便于风险管理过程中迅速了解国际同内的行情数据，实现数据整合。该系统的国内接口端连接了中国金融风险实验室所完成的国内行情整合数据，将接入的数据通过 MtF 模块的数据层批处理后，载入风险管理系统中的 RM 模块，以便国内银行在实施 MtF 模型的风险管理系统过程中迅速掌握国内行情。该系统的国际接口端连接的是彭博（Bloomberg）公司和路透（Routers）公司两大数据供应商所提供的国际市场行情数据，并及时与两大公司同步实现数据的自动采集、转换、清理，然后输入到 MtF 模型的风险管理系统的后台系统之中，且可通过彭博数据筛选器根据自身需要对某些金融投资工具进行选用或从备选库中移除，从而实现自身特定的筛选规则配置出需要的信息数据。

（2）情景生成引擎（Algo Scenario Engine，ASE）是风险管理系统的模拟和分析层的一部分，主要功能就是生成模拟计算所需要的历史情景或蒙特卡罗情景。ASE 通过对行业指数、权益和市场指数、利率收益率、外汇汇率波动率、信用差额曲线、隐含波动性曲线、商品远期曲线、宏观经济因素等一系列的风险因子进行建模，通过分析这些风险因子的历史时间序列，得到风险因子数值，并利用风险因子值来生成单步骤或多步骤的模拟情景。再将这类模拟出的情景输入到风险计算引擎 Risk Watch 中，系统会对这类情景进行压力测试。

（3）计算分析引擎（Risk Watch，RW）是风险管理系统模拟和分析层的一个重要组成部分，是进行风险分析的核心。它要完成 MtF 模型的风险集中度分析、关键利率分析、收益率曲线分析、蒙特卡罗模拟、假设比较分析、优化组合和压力测试七大主要的计量分析。该计算分析引擎在对各类金融工具的定价能力上、模拟运算的完备性及扩展选择的灵活性方面展示了其具备强大的功能。它既可以定价的产品范围非常广，也可以是利率类产品、外汇类产品，又可以是商品类产品、股票类产品，还可以是各种普通或特殊的期货、期权等衍生工具产品和信用衍生产品，覆盖各种各类资产，对不同资产的金融工具，该系统还可提供不同类型的定价模型，从简单的分析模型，再到高级的蒙特卡罗定价等。将上一步骤针对银行账户的情景模拟出的风险数值输入 RW 后，计量出的会计收益和现金流，又将支持缺口分析和收益模拟，更重要的是对金融产品的未来某个时间点的价值进行完全的模拟评估，构建出 MtF 模型中三个信息维度的立方体——情景、金融产品和时间段。落在这三个信息维度的交点处就包括了在某种情景下某个产品和将来某一时间的价值信息，而整个 Mark - to - Future 立方体就包括了在所有情景下所有产品和所有未来时间段的风险价值的所有预测。

（4）数据汇总和展示模块（Algo Invest Risk，AIR）是在上述三个步骤完成后，将业务数据汇总和后处理以及形成管理层能容易看懂的视图和报表，这是对银行具体管理决策数据的汇集、再加工和展示。这里汇集的数据既有具体交易资产组合的头寸数据，又有依据不同资产组合的构成从 MtF 立方体中选取所需的每个维度的数据，然后选择系统内的某种方法根据相应的统计指标和风险产生分布的要求进行汇总和加工。最后根据需要选择图形、报表或其他输出方式进行输出，以提供清楚完整的文档资料。

综上所述，MtF 模型是通过多因子模型、蒙特卡罗定价模型、情景生成模型和用户自定义模型等不同的方法来识别风险，再经风险集中度分析、关键利率分析、收益率曲线分析、蒙特卡罗模拟、假设比较分析、优化组合和压力测试等计量分析功能来精准计量风险，最后通过信贷单一客户的限额设置与限额监控、对信贷资产的相对与绝对风险分析、时点的资本计量、定期报告生成来完成对风险的监控功能。

第二节 基于 MtF 模型的村镇银行风险的三维集成

村镇银行运用 MtF 模型的全面风险管理系统进行风险管理的核心在于应用风险的三维集成立体结构来全面分析风险的方法，立体式的模型具有完备的情景生成和风险分析能力，贯穿了村镇银行各种资产组合类别和不同的风险因子，通过数据转换、数据计算、分析控制来管理银行所面临的信用风险、流动性风险、操作风险及市场风险。如图 5－1 所示。

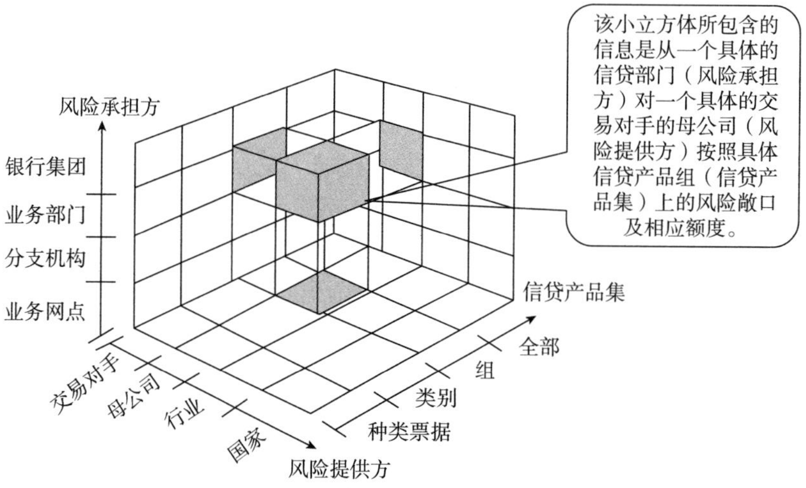

图 5－1 MtF 模型风险的三维集成图

这个三维立方体整体中的每个小立方单元可以储存村镇银行某一金融产品在确定的时间段内某一情景假设下进行交易的基本风险与回报信息。对村镇银行某类资产的特定组合交易，只需要从整个立方体中提取所需的小立方单元，再依照组合结构进行特殊组合就能得到组合资产的风险与回报数据。在 MtF 模型的三维框架下，情景假设相当于村镇银行风险的表达语言，即村镇银行根据自身所在的环境、承担风险大小的能力以及对未来收益的预期，利用一定的工具，通过情景假设建立相关模型来进行风险分析，可以有效地实现风险的量化，进而规避部分非系统性风险，达到完善风险控制的目的，最终实现最佳的风险收益比。

应用 MtF 模型，村镇银行可以完全模拟所有的基础资产及其金融工具在所有可能的情景和时间点下的变动值，因此，村镇银行的管理者能更方便地把握好金融工具的所有特征。例如，银行管理者对于非线性的支付、某类金融工具的提前赎回或最优执行价格，以及票据结算等，能够通过 MtF 模型被模型的数值刻画风险与收益比的精确视图，管理者很容易知道哪种决策较优。该视图是通过一系列的模型和分布假设，构建与现实基本一致的情景，利用一定的分析技术，如蒙特卡罗模拟方法等，再执行信息处理，得到金融工具的估值。最后，这些已经做过的估值信息会自动存储在 MtF 立方体系统中，根据立方体的信息值，银行管理者再根据银行的战略目标制定风险收益比分析，以满足特定的管理需求。

一、建构适应市场需求的情景

村镇银行应用 MtF 模型进行风险管理，首先，利用该模型的管理系统情景生成器配备的完备情景模型，模型包容一系列的统计和历史情景技术（借用同地区的农村商业银行的数据）以及用于压力测试和敏感性分析的情景。通过建构的情景，MtF 模型能够把银行过去的市场价值和模型假设转化为对未来市场的预测和见解。这种见解反映银行资产组合持仓在时间上的动态变化与对应的风险因子演进方式，为村镇银行 MtF 模拟打下基础。

1. 建构适应市场需求的压力测试情景

压力测试通常被用来评估银行的风险因子在发生与原正常特征的突然变化

时所造成的影响。构建出压力测试情景，就可以更好地度量在极端或非常态市场环境下村镇银行的组合资产的损失。根据银监会的监管要求，村镇银行必须通过历史事件库来构建压力测试情景，保证这种压力测试的逻辑合理性。而村镇银行历史事件库里可能数据少或是空白，MtF 模型又提供了根据同地区的农村商业银行的情况选择历史情景或代理情景或创建自展情景。代理情景是指某个市场的历史情况可以被当作另外一个可比市场的情景。自展情景是指市场的历史情况可以被打乱或合并，可以依据特定阶段的时间序列而被重新组合的适用自己的情景。在这些情景中风险因子之间的相关性显著地偏离了正常路径，MtF 模型的风险管理系统根据已设定的历史情景、代理情景和自展情景来执行压力测试。

2. 建构适应市场需求的敏感性情景

根据市场利率波动趋势分析村镇银行的敏感性指标，针对银行任何规模的头寸与组合以及任何风险因子，直接得出敏感性分析指标值。例如，MtF 模型可通过将市场利率往上或者往下波动 1 个、10 个或 100 个基点这类简单的情景，村镇银行的管理者可根据得出的指标值观测风险与收益情况。建构出村镇银行资产组合中的关键利率或利差情景，可以有效识别、确认组合资产相对于利率或者利差基础期限结构的敏感性，满足村镇银行管理者做出买卖债券还是票据的决策选择需要。这种情景构造是通过波动率曲面基础节点波动生成的，村镇银行管理者就能很容易地确定头寸与组合相对于波动率的敏感性。也就是说，建立的敏感性情景可以识别金融工具相对于任何风险因子在任何波动水平上的敏感性。

3. 建构蒙特卡罗模拟情景

蒙特卡罗方法又称随机抽样或统计试验方法，蒙特卡罗模拟是以概率和统计理论方法为基础的一种计算方法，它是使用随机数或更常见的伪随机数来解决很多计算问题的方法。该方法是在 20 世纪 40 年代中期为了适应当时原子能事业的发展，伴随电子计算机的发明而发展起来的。由于当时运用传统方法很难计算极复杂的原子能真实的物理过程，很难得到满意的结果，一些物理学家从数学的概率论的角度把需要求解的问题与一定的概率模型联系在一起，通过借助电子计算机实现抽样与统计模拟来获得原子能复杂问题的近似解。因此，数学家们借用摩纳哥著名的赌场“蒙特卡罗”命名，象征性地表明了这一方法的概率统计特征。后来，当人们试使用计算机来预测金融工程学、宏观经济学、生物医学、计算物理学复杂的趋势和事件时，通常要应用这类随机抽样或统计试验方法进行长串的随机数的复杂计算，这种计算预测越来越依赖于这种概率统计特征的蒙特卡罗模拟。模拟情景的准确性又取决于可靠的海量随机数目来源。蒙特卡罗模拟的基本思想是：如果我们要求解的复杂问题是某种事件出现的概率或是某个随机变量的期望值时，可以通过某种模拟的方法，得到这种事件出现的频率或这个随机变数的平均值，并用这个频率或者均值作为问题的解。也就是说蒙特卡罗模拟是以一个概率模型为基础，按照这个模型所描绘的过程，通过模拟情景的结果，作为问题的近似解。

MtF 模型风险管理系统的蒙特卡罗情景生成技术可以在多种分布中进行抽样，从而生成村镇银行的未来情景集。为了使模拟的近似解更真实，模拟的样本容量必须足够大，才最接近所要求解的概率。因此，该系统既支持单步骤蒙特卡罗模拟技术，又支持多步骤蒙特卡罗模拟技术，且可以满足银行金融机构的足够的样本容量。单步骤蒙特卡罗模拟情景生成方法可以根据不同数据的处理要求从 MtF 模型风险管理系统内的多种不同的分布状态中选择某一种或几种进行模拟，可供选择的有 t 分布、非参数分布、厚尾非参数分布、正态分布、对数正态分布、漂移调整对数正态分布和正态分布混合。相对来说，对数正态分布具备优秀的统计特性，可以保障生成强大的多因子情景，是普通常选用的一种方法。根据村镇银行经营数据的特性，选择非参数分布、厚尾非参数分布、t 分布和正态分布混合等方法更加合适，经实践检验某村镇银行把某些或所有的风险因子设定为厚尾分布，能更精确地反映该银行大部分风险因子的历史分布情况，从而能够导出更优的 VaR 值。多步骤蒙特卡罗模拟情景生成方法也可以根据不同的数据处理要求从 MtF 模型风险管理系统内选择对数正态增长、布朗运动、几何布朗运动、均值回复、标准的均值回复、远期曲线模型等多种方法。如果银行的风险因子的演进是随时间流逝而发生的连续随机游走的状态，就可以选择对数正态增长、布朗运动和几何布朗运动模型任何一种来模拟情景。如果银行要对利率、汇率与商品期货价格等具有均值回复特征的风险因子进行模拟时，就可选用均值回复模型进行数据处理。如果银行的风险因子是随时间而增长的如债券、贴现票据等这些因子，就可以选用几何布朗运动模型，它是通过配置漂移项得到该模型，所以也被称为漂移项为零的 Black - Scholes 模型。如果利率、汇率与商品期货价格等变量的未来演进趋向于某个长期值时，且这些变量是随机波动并服从对数正态分布时，就可选用标准的均值回复模型。这种均值回复特征对多步骤的蒙特卡罗模拟情景特别重要，如果没有均值回复的特征制约，这些变量在经过若干时间步骤之后就会完全偏离它的“范数”。以上模型已经广泛应用于短期市场风险模拟的标准模型。无论是单步骤蒙特卡罗模拟技术，还是多步骤蒙特卡罗模拟技术的模拟参数都可以根据村镇银行的具体信息而修改，从而满足村镇银行不同的需要。

首先，MtF 模型的风险管理系统的情景生成是确定风险因子集，它是根据大量不停变化的风险因子中的具有相似统计特征的因子组成的；其次，再根据风险因子集的分布和演进方式确定模拟方法，以便从既定的数据集中获取模拟参数；最后，根据模型和风险因子集之间的关系，得到情景集的详细信息，如情景数目、利率的未来点数和描述等。

二、利用工具建立某时点模型

情景构建主要依靠灵活的时间序列数据，通过收集所有已知的村镇银行风险因子数据，包括村镇银行自定义的时间序列，被扩展容纳到新的风险因子集，MtF 模型把获得的关于时间序列的任何村镇银行的描述性信息进行系统的格式化、数据整理和风险因子集成，以准确定义时间序列的数据模型。

时间序列数据在 MtF 风险管理系统里既可以直接来源于数据提供商，又可以是银行机构通过自展功能和方法而被自定义导出数据。自定义导出的时间序列数据可以依据村镇银行业务发展情况，被存储在风险因子时间序列数据中，包括政府零息票曲线、自我定价的利率顶与底波动率曲线、重要商品波动率曲线、宏观因子及其他非具体的因子等。MtF 模型风险管理系统通过运用多种方法对时间序列数据进行验证以及参数的修正，不仅保证了数据质量；再通过情景生成库容纳的丰富算法，也保证了时间序列计算的质量；还通过提供的一系列的可行方案来管理时间序列数据，可以解决数据差错和遗失问题，进一步提高了计量的准确性。例如，MtF 模型系统中提供了简单的向前或向后填充的方案填补缺失的数据，还提供了用线性或几何插值方法来补充缺失数据，还可以选用“预期最大化”的算法依据该风险因子和其他风险因子之间的相关性及其波动率得出该风险因子的发生可能性最大的走势来填补银行风险因子数据。无论是来源于数据提供商还是来源于自定义导出的时间序列数据，MtF 模型的风险管理系统都会使用经过验证的时间序列数据，选用指数加权移动平均（Exponential Weighted Moving Average，EWMA）或多变量正交因子（GARCH）方法针对每种风险因子生成不同格式的协方差矩阵或情景。

MtF 模型的风险管理系统除了运用前面所述的标准的蒙特卡罗算法外，还可以运用多种抽样方法来提升蒙特卡罗模拟的性能。这些工具包括主成分分析的合并、超均匀分布序列、混合蒙特卡罗的随机抽样以及准蒙特卡罗的超均匀分布 Sobol 序列。选用这些准蒙特卡罗模拟的方法，目的是针对不同情景可以尽量降低被生成情景的庞大数量，选用数量要求不同的模型，结合若干知名的方差降低技术，可以确保在一定水平上的估值速度和精确度。例如，控制变量（Control Variates）和分层抽样（Stratified Sampling）结合能增加计算的精准度，或能减少计算时间。当村镇银行某金融工具的组合的有效维度很小时，选用分层抽样方法比准蒙特卡罗方法更准确。当其组合的有效维度很大时，选用准蒙特卡罗方法比分层抽样方法更加接近真实情景。当村镇银行风险因子的数目达到数千以上时，可选择那些最能体现风险因子方差的成分即主成分分析（Principal Component Analysis，PCA）法，能够减少问题的维度。即使这些数目繁多的风险因子在 MtF 立方体（MtF Cube）上呈现极度扩散的数字时，还可以选用混合蒙特卡罗方法（MMC）的 Sobol 序列来替代主成分分析法。当风险因子维度数目超过四十时，超均匀分布的混合蒙特卡罗方法（MMC）的 Sobol 序列就更加有用，可使收敛速度比均匀分布随机数更快。

三、计量风险/回报值并做出产品组合的决策

MtF 模型的风险管理系统中的核心是三维立方体，三维立方体集成了先进的分析方法，把原用于统计报告的简单风险计量变成先进的计量支持工具，提高了银行的风险管理效率。村镇银行可应用该模型来捕捉并分析全行的风险，进而决定全行的运营策略，使村镇银行能够根据自身的风险偏好而扩大业务规模。充分利用该系统提供的一系列的工具，为银行全行不同的业务部门生成可以共享的相关信息，帮助村镇银行计量、缓释风险。

先进的计量支持工具能够计量各种层次的风险，例如，可用于计量村镇银行全行的特定头寸的风险贡献度或某一种风险信息。在前面的 MtF 模型的介绍中，我们已经知道该模型的系统风险管理的数据是可以根据银行自身需要自展与重组的，通过该程序银行能更容易依据自身特定的需要获取某一特定头寸的边际风险贡献值、某资产组合的风险值以及整个银行的全面风险值。在 MtF 模型的立方体中，村镇银行通过选择情景和时间步骤下的价值序列，获得任何组合在任何时间步下的相关风险信息。这种选择可以是添加或移除某个头寸并重新计算组合价值，计量该头寸对组合整体风险的贡献。计量各种层次的风险的具体步骤如下：

1. 计算边际风险贡献值

计算风险价值（Value at Risk，VaR）只是有效风险管理的第一步。风险管理人员通过计量得出组合整体 VaR 之后，最关心的是资产组合成分对整体

VaR 贡献的大小，即边际风险贡献值的计算。也就是说，村镇银行在风险管理中，通过计量在一定概率水平（置信度）下的某一金融资产的组合价值在未来特定时期内的最大可能损失的值只是完成了风险管理的第一步，还必须对村镇银行的组合风险源进行有效识别，才能帮助村镇银行风险管理人员进行下一步的控制活动，找到有效措施削减风险与收益不匹配的那部分风险。MtF 模型的风险管理系统就具有这种对风险源进行有效识别的功能，通过计量每一种组合成分对风险的边际贡献值来确定，这就是基于情景分析的 MtF 模型风险分析方法与其他分析性的 VaR 方法相比具有的优势。

运用 MtF 模型的风险管理系统，管理人员对资产组合风险源能有效地识别，主要是因为系统能从风险因子或头寸的角度，将风险进行分割。例如，在资产组合的头寸选择上，MtF 模型系统能够提供很多风险的“后处理”功能，这种后处理是经过计算不同头寸对不同资产组合风险的贡献度，选择较优的资产组合头寸来分解组合风险，且能够找到头寸变化对组合风险的影响度。由于计算机的处理信息量大，在后处理中不仅可以计量头寸对组合 VaR 的百分比贡献值，也可以计算头寸被移除后组合 VaR 的变化值，还可以计算头寸单位改变 1% 后的组合 VaR 变化值。通过对风险因子的分解，可以准确了解风险数据在多大程度上是由于某种风险因子或某个风险因子引起的。这种分析性方法和全值模拟，使村镇银行风险管理人员能够有效计量出某种风险因子或某个风险的贡献值。MtF 模型的风险管理系统还可以完全捕捉与波动率变动相关的风险，并提供新的计量指标。新的计量指标可以用来识别村镇银行的商品头寸、固定收益证券的波动率的风险贡献。

2. 流动性调整 VaR

MtF 模型的风险管理系统可以根据交易资产组合头寸的类型和规模，不仅调整风险估值中的清算时间，也可以通过调整每个时期内的每种资产头寸在不同清算假设下的资产组合损益来观察资产组合构成的变化。例如，某种资产组合因为近两天存在较大的买或卖价差，通过系统计算若两天后清算所有的组合头寸就会导致较大的经营损失，假设把组合头寸的清算时间放在更长的区间上，测算出的损失就较小。这样，银行的管理人员就可以选择有利的时间点清算该资产组合了。正因如此，银行管理人员可以通过计算出不同资产的价值体现出的清算特征，在同一种模拟方法的架构下，来准确地评价该资产组合其他部分资产流动性的风险。这就在前面的边际风险贡献值上增加了对流动性的考虑因子，经流动性调整后 VaR 值，便于风险管理者能更加灵活的动态地进行实时决策。

虽然这种分析性 VaR 度量不是最精准的，但这种风险预测可以迅速地被执行，具有相对小的计算量，且还能用于度量模型风险。因此，MtF 模型的风险管理系统也可以利用一般的风险映射方法来计算分析性的 VaR。正因为这是一种通用的方法，有普遍的适用性，它可以根据需要通过对风险因子进行小幅的调整来计算不同资产组合头寸价值的变化，从而确认资产组合相对于既定风险因子的敏感性。银行管理者使用该系统无须针对新添加的工具而开发特定的模型。

3. 动态的交易策略

MtF 模型的风险管理系统可以进行动态交易决策。这种功能允许银行管理者的组合持仓在模拟过程中发生变动，通过变动来反映经营者积极交易和资产组合管理的实际情况。交易风险管理策略能够针对任何资产组合持仓来配置，执行的功能有选择预设的动态投资策略、买进或卖出预设的产品、对资产现金流充足或不足进行建模、选择再投资工具等。例如，在某时间模拟过程中，三种不同的国债交易策略导致了不同的组合结果分布。这种动态交易策略就是指不同的交易组合都具有最优的上限（Upside）和较低的下限（Downside），管理者在求得资产组合落在最优上限上的交易品种与时间上可动态的做出决策。该动态的交易策略除了作为投资组合的决策之外，还能兼顾计算边际风险和流动性调整 VaR 的功能。

4. 优化

MtF 模型的风险管理系统超越一般风险的简单计量的原因在于它提供了基

于情景的优化架构。该优化架构增加了四大功能：一是可以构建出任何在一定的风险水平下谋求预期回报的最大化资产组合的有效边界；二是可以根据某资产组合的风险构建对冲组合或头寸；三是依据最优资产组合匹配相应的现金流集；四是为了将复杂的资产组合进行快速分析，用了多种既定的模型将复杂的组合概念化。为了确认这些重新复制组合资产的最优性，MtF 模型的风险管理系统的优化架构还应用了基准风险度量指标，该指标也叫作偏差（Regret），是指重新复制组合的资产和原目标组合的资产属性在所有模拟情景下的偏离度。这种基准风险度量指标能够针对任何风险的损益、价值、久期、敞口与其他的敏感性指标数目的属性。可以看出，该模型基于情景的优化架构是使用了多步骤的情景框架，可以优化任何模拟区间内的度量指标，为村镇银行任何时段的重新复制组合资产的有效性提供保证。

MtF 模型的优化构架考虑了不同金融机构在市场和业务方面的限制因素，配备了很多的限制函数，它们可以被用于重新复制组合的资产。例如，最大或最小交易量的限制条件，MtF 模型的系统可以针对复制组合中的每种工具或每组组合资产而被应用；买或卖价差与交易费用的这类限制条件，MtF 模型的系统考虑了一般的交易成本和结算金额而被应用。

另外，该优化架构匹配的现金流集更具有精确性、灵活性。例如，某种金融产品每月得支付一次息票，息票的计价是以某月的平均利率为标准的，应用 MtF 模型的风险管理系统计算现金流，通过点击现金流生成方案就可以对这种产品进行建模。在该方案中的现金流既可以关联到某个指数的回报率，又能够把现金流关联到由多个指数构成的复杂函数。这样，村镇银行管理者应用该模型优化系统可以通过结构性现金流生成方案来灵活地定制某时期的分期偿付金额、名义额度、息票利率、执行利率和差价等属性，描述出非标准工具的现金流。优化了的系统还可以对利率进行计算、现金流支付日期计算、息票周期计算、重置日期的计算等。

第三节 各类风险的情景模拟、数据收集与处理程序

MtF 模型的风险管理系统通过建构一个具有完备的情景生成和风险分析能力的立体结构的三维风险集成来完成银行的全面风险分析，它贯穿了银行各种资产组合类别和风险因子，它既可以针对银行的市场风险、信用风险、流动性风险和操作风险等来单独计量、控制实现单一风险资本计量的管理，又可以将各类风险整合在一起，实现对整个银行机构在各个业务应用领域金融风险的统一管理。银行的各种类型的风险情景模拟、数据收集与处理程序方案设计如下：

一、市场风险的量化管理方案设计

商业银行的市场风险是指由于市场因素的不利变动，如利率、汇率等资产价格的变动，使银行表内和表外业务发生损失的风险。市场是千变万化的，商业银行无论在交易或非交易业务中都存在着市场风险。就目前村镇银行的业务来说，面临的市场风险主要是利率的变动所致。而这种利率风险依据其来源可以分为基准风险、重新定价风险、期权性风险和收益率曲线风险等。中国银监会对利率风险的监管要求是可以采用不同的模型或方法来计量经营账户中不同类别的市场风险。这些可以选用的方法包括缺口分析法、敏感性分析法、情景分析法、久期分析法、外汇敞口分析法和内部模型计算风险价值法等。由于每种方法计量市场风险都有它的优势与局限，因此，村镇银行应当充分认识这些方法的优势和局限性，可以同时选用两种以上方法进行比较，还可以采用压力测试等其他分析方法进行适当的补充。MtF 模型的市场风险量化管理方案根据以下几个步骤来设计：

1. 每日估值

村镇银行风险管理部门的职责必须对其资产组合实行动态监控，这是因为

市场因素每日都在变化，变动的市场行情导致银行账户的资产价值也在波动，管理者必须根据波动的行情进行重新估值，才能为准确预判风险打下基础。要想准确实现每日估值必须具备三个条件：一是能提供完整同步的当日市场行情数据；二是有合适的产品定价内部模型；三是能提供该模型使用的合理参数。该系统自带的国内市场行情数据是中国金融实验室从 2004 年 4 月以来每日进行采集、处理和加工，形成的一套完备的、独立的市场信息。对于海外数据，是通过提供相应的数据接口连接彭博（Bloomberg）系统，节省了项目实施的时间和工程量。对于不同金融产品，可以采用不同的模型进行定价。对于国债这类每日有市场报价的交易产品，就以市价为基准对内部模型进行校准；对于利率掉期这类没有市价的产品，可以运用内部模型，根据市场利率的取值进行推算。内部模型应是业界普遍接受的定价方法或是 Algorithmics 公司自己研究开发的领先成果，例如，期权的 Black－Schole、树类模型、二叉树模型、Willow Lattice 模型、蒙特卡罗定价等。内部模型所用到的参数应可以进行估计和定期调整，例如使用风险价值模型做风险评估可以采用方差—协方差法，用到方差—协方差法矩阵；如果采用蒙特卡罗法时，风险因素变动一般按照一些随机过程（如利率服从的均值回归模型），其中的参数（如均值、回归速度）也可以定期估计；如果采用历史模拟法时，所选择的历史片段也可以动态定期调整。总之，该方案的整体设计能使银行在这个系统下完成对所有产品的每日估值，避免了使用多个系统给管理者带来的麻烦，更重要的是避免了数据传输的不一致性等问题，从而轻而易举地通过市值报表变动来识别市场风险，报表格式见表 5－1。

表 5－1　银行账户市值

村镇银行账户	头寸	市值	比重（%）
总部			
分支行			
业务部门			
……			

2. 利率风险分析

MtF 模型的风险管理系统设计了对利率因素做敏感性分析和模拟分析的技术。这种敏感性分析技术是基于对利率曲线变动的一些简单假设而得到的风险指标，也就是针对关键利率风险分析和利率风险的久期分析。由于这些分析简单并且易于理解，所以被风险管理人员广泛使用。但敏感性分析的局限性是反映不了利率风险中的收益率风险和基准风险，因此，MtF 模型增加了模拟分析来解决敏感性分析中存在的问题。模拟分析是通过模拟导致各种利率收益率曲线的情景，预测未来各种收益率曲线。这种分析不仅是村镇银行风险管理人员的一种或多种主观判断，也是一种通过统计计量方法来生成的较客观的方法。

相对于敏感性缺口分析，久期分析是一种更为先进的利率风险计量方法，也称期限弹性分析或持续期分析，缺口分析侧重于计量利率变动对银行短期收益的影响，而久期分析则能估算利率变动对银行所有头寸的未来现金流现值的潜在影响。MtF 模型系统的久期分析是一个非常重要的针对固定收益（Fixed Income）类的生息债券资产组合的利率风险进行管理的风险衡量指标。该方法也是计量固定收益组合管理的主流方法之一，尽管可以直观地反映该类固定资产组合所面临的利率风险，但久期分析也有它的局限性。主要体现在两个方面：一是在对每一时段若使用平均久期来计算敏感性权重时，只反映了重新定价的风险，没有反映出基准风险的大小和实际利率因不同的支付时间而导致的头寸敏感性差异，更没能反映出期权性风险；二是若是市场利率的变动值超过1%时，这时头寸价格的变化与利率的变动不存在线性关系，从而导致久期分析的结果不再准确。

根据村镇银行业务的特性，管理者在使用久期分析时可以设计用较常用的有效久期，在债券资产管理中，显示的是债券在利率微小波动下市值变动的百分比。为了弥补久期分析的不足，使固定收益证券的利率敏感性分析更加准确，MtF 模型的风险管理系统还可以通过有效凸性、到期收益率等其他利率风险分析指标来反映债券的利率弹性。为了更加直观的表达利率对组合价值的影响，通过对久期形式的扩展和改进，引入单位基点现值的计算这种表现方式，它经常表示为 PV01 或 DV01，指市场的收益率曲线平行移动一个基点（或引申到曲线的某个节点移动一个基点）时债券的市场价值变化的金额。也就是说明了该组合资产价值对市场久期利率变化的敏感度，用绝对值或百分比表示。PV01 的计算公式可表示为：

$$PV01 = D_{adjust} \times P_0 \times 0.0001 \tag{5-1}$$

久期分析报表如表 5－2 所示。

表 5－2 久期分析报告

	市值	有效久期	有效凸性	到期收益率	PV01
村镇银行					
利率类产品					
……					

关键利率风险分析是利率敏感性分析的一种细化。关键利率通常涉及短期、中期和长期的不同期限的利率。关键利率久期是只对收益率曲线上的某个指定利率，即关键利率，做微小变动，其他期限利率保持不变，而久期分析则是基于收益率曲线的所有期限利率做微小的平行移动，即整条曲线的平行移动。关键利率久期主要用来衡量资产组合对短期、中期、长期利率变化的敏感程度。

单位基点现值也可以延伸为当收益率曲线上的关键利率移动一个基点时，资产组合的市值变动。可以根据需要对关键利率进行灵活设置。MtF 模型的风险管理系统可以支持选择（但不局限于）以下不同的期限：1 天、1 周、1 个月、3 个月、6 个月、1 年、2 年、3 年、4 年、5 年、6 年、7 年、8 年、9 年、10 年、15 年、20 年和 30 年。

MtF 模型的风险管理系统的模拟分析技术可以通过收益率曲线情景分析来完成。前面已经论及利率敏感性分析技术的 PV01 和久期分析都是基于整条曲线平行移动的假设，它不能反映基准风险和收益率曲线风险，而且该技术仅仅只适用于债券的计量，无法计量利率类衍生组合产品的风险。运用模拟分析技术的曲线波动情景分析，可以将不同的曲线上不同的期限作为单独的风险因素，从而综合考虑所有风险。

在 MtF 市场风险管理系统预先设置了一些通用的曲线波动情景，村镇银行风险分析人员可以根据需要将这些情景加载在交易组合中，系统就会通过重新定价算出组合相应的损益值。系统自带可供选择的情景有银行所有期限的即期利率分别平行增加或减少 1、10、30、50、100 个基点，收益率曲线变化的图形导出选择，可能随着期限的变长，每一时点上即期利率的增加幅度增大，这时的曲线就变陡；也可能是随着期限的变长，每一时点上即期利率的减少幅度增大，这时的曲线就变平；还有可能长期即期利率小于短期即期利率，这时的曲线就倒置。情景分析报表见表 5 - 3。

表 5 - 3 情景分析报告

银行账户	市值	预期损益			
		情景一	情景二	……	……
总部					
按业务单元					
……					

3. 总体风险评估报告

如果村镇银行的董事会和高级管理层需要一个简单明了的、全局性的报告来认清目前银行资产组合在将来的可能性损失，可以运用 MtF 模型的风险管理系统的内部模型计算的风险价值（VaR）是最合适的指标。因为运用内部模型所计算的市场风险资本是当今《巴塞尔协议Ⅲ》提倡的高级计量标准，符合我国监管要求并具有超前性。风险价值（VaR）是指所预估的在一定持有期和给定的置信水平下，利率、汇率等市场风险要素的变化可能对银行某项资金头寸、资产组合或机构造成的潜在最大损失。能否准确预估出这个 VaR，与模型设定的持有期的时间长短和置信区间有关，也与模型技术有关。MtF 模型的风险管理系统充分考虑了这些影响因素，设计了可供选择的多种模拟技术的组合和所有参数，还设计了可供选择的方法来计量 VaR，可供选择的方法有方差－协方差法、历史模拟法和蒙特卡罗法。我们知道，在理论上已经认证了运用内部模型法计算法定风险资本金比标准法会节省大量的银行资本金，且更加准确的预估银行的总体风险，这样可以为村镇银行节约资本金的占用，从而提高资金利用效率。VaR 在用于资本计算时需要采用的参数可根据《巴塞尔协议》对市场风险内部模型的定量要求与村镇银行的风险偏好，通常置信水平采用 99% 的单尾置信区间，持有期为 10 个营业日；也可以选取 99.9% 或者 95% 置信区间。对于久期的选取可以根据市场因素变动来确定，一般情况把持有期一天作为重要的考量参数，同时还可选取其他的时间段，如一周或一月。

MtF 模型的风险管理系统在总体风险评估产生的报表中是用参数法来计算总体风险值的，即 Risk Metrics 法计算风险价值（见表 5－4）。

表 5－4　VaR 值及按风险因素大类的分解的值

交易组合	参数（VaR）	参数利率（VaR）	参数汇率（VaR）	参数债券（VaR）	参数（Vol VaR）
总部					
按业务单元					
……					

运用参数法的目的是可以方便地对银行的风险因素的大类进行分解，但该方法缺陷是在计算的准确性上相对逊色。这些风险因素的大类又进一步细分为三小类因素后计算得到 VaR 值，三小类因素分别是债券价格因素、利率因素、汇率因素。该分解能对银行资产配置实施的结果进行及时反馈，使银行管理者及时改善组合资产的战略配置。MtF 模型还提供了一种对传统因素分解的补充值——Vol VaR 值，又称 Vega VaR，主要考虑由于市场其他因素的波动而导致

的 VaR 值。以下就是运用参数法，考虑不同参数选择时，系统生成的供管理者决策的报表。

由于假设条件不同，各种方法估算的 VaR 值也会有差异，为了便于管理人员选用与比较，MtF 模型的风险管理系统在总体风险评估产生的报表中还可以通过比较市值和应用不同方法来计算 VaR 值（见表5－5）。通常情况，在剧烈市场的变动对银行交易组合带来影响时预估 VaR 值用模拟方法更适用。

表5－5　多种方式的 VaR 值

交易组合	市值	参数 VaR	历史模拟 VaR	蒙特卡罗 VaR
总部				
分支行				
按业务单元				
……				

表5－6 比较了时间参数的不同，这里只是用蒙特卡罗方法举例说明的一种模拟方法，而计算出的 VaR 值是在不同时间参数下获得的。该参数的选择作用是银行管理者能认清当前交易组合短时间的变化值，尤其是对不同时间的不同损失情况做预测和评估。

表5－6　随时间参数变化的 VaR 值

交易组合	市值	蒙特卡罗 VaR（一天）	蒙特卡罗 VaR（十天）	蒙特卡罗 VaR（一月）
总部				
分支行				
按业务单元				
……				

表5－7 比较了不同置信区间下的取值，这里也是用蒙特卡罗方法举例说明的一种模拟方法，产生的 VaR 值是在不同置信区间的取值。该参数的选择

作用是银行管理者能认清在不同的风险容忍度下，银行预期可能损失的上限。只要银行管理人员结合使用系统的损益统计分布图，就能很好地预测可能损失的数额和频率。

表5-7 随置信区间变化的VaR值

交易组合	市值	蒙特卡罗 VaR（95%）	蒙特卡罗 VaR（99%）	蒙特卡罗 VaR（99.9%）
总部				
分支行				
按业务单元				
……				

4. 压力测试报告

我国银行业监督管理委员会要求商业银行在出现两种情况下必须做好压力测试工作：一种是基于突发事件对市场因素的变动预测，及时向相关部门提供银行的头寸信息和风险评估报告；另一种是出现有历史上曾发生过的危机事件的一些因素，银行应体现在日常风险评估过程中。因此，压力测试报告是为村镇银行董事会和高级管理层提供在经营中发生的重大突发事件以及当市场出现异常时，银行对整体资产组合的量化风险分析报告。这是测试银行承受风险的能力，测试中情景的设置可以设为最坏情况，也可以设为历史片段的重演。

在压力测试的情景选择中，在MtF模型市场风险管理系统中设计了用户自定义情景的功能，可以帮助风险管理人员定义突发情景并迅速评估它可能带来的损失。另外，该系统还备有许多曾发生过的历史异常事件的压力情景，村镇银行管理者可以定期或不定期地将已有的资产组合放在系统虚拟的情景中做评估。

表5-8就是系统中展示的某种突发事件在某预期情景发生后对整个银行资产组合带来的损益状态，还展示了当前银行资产组合的交易数据。报表的组合资产除了按业务分类之外，还按时间、按资产类型等标准进行了细分，如此

更加方便风险管理人员能找出最受影响的资产产品种类及影响因素，确定对症下药的应急方案。

表 5－8　突发事件的风险评估报告

交易组合	市值	资产权重（%）	预期损益	预期损益（市值%）
总部				
分支行				
按业务单元				
细化分解				

表 5－9 展示的是在已挑选出的历史压力情景中，系统根据模拟情景计算整个资产组合在不同时间段内带来的损益状态。目前 MtF 模型的市场风险管理系统可以提供的压力情景包括亚洲金融危机、次贷危机、钱荒事件、高科技股泡沫破灭等。

表 5－9　历史异常事件的风险评估报告

交易组合	市值	预期损益			
		次贷危机　钱荒事件			其他事件
		一天	一周	一月	…
总部					
分支行					
按业务单元					
细化分解					

5. 事后检验

事后检验是把以前运用了 MtF 模型的市场风险管理系统计算出来的风险估算值与经过一段时间银行已经运营发生的实际损益进行比较，检验以前用此方法预估准确性一种评估方法。例如，银行用内部模型，将某组合资产在假定日期为一天、置信水平为99%的情况下，计算得出的VaR值，与100个交易日的VaR计算值和隔日的实际损益进行对比，如果前者的VaR有且只有一次超出了后者的实际损益，那么在理论上该预估值就通过了检验。根据《巴塞尔协议》的规定，银行需要每个季度做一次这样的事后检验，比较值通常采用的是过去一年250个工作日左右的数据。MtF市场风险管理系统支持对每日损益的两种损益进行事后检验：一是可选用只基于前一天的资产结算头寸计算出的假设损益；二是可选用包含手续费用的每天实际资产发生的损益。该事后检验的评价还考虑了可能发生例外情况的比例和次数，这种情况是指当现实损益数额超过了模型计算的上限时，该评价还可以通过对实际比例与置信区间的比较以及例外情况的比例分析，得到事后检验的结论。为方便管理者对这些事后检验报告结论作出解释，系统还可以将需要对照的数据根据时间的顺序绘出线状图和检验期内的数据对照图表，便于管理者直观地进行分析。

综上所述，我们可以看出，MtF模型的市场风险管理系统具有强大的、在真实市场环境下能对各种市场风险因子进行模拟分析的功能设计，可以通过事先假设比较分析和对冲规避来决策。这种事前风险分析功能的实际应用会转变银行机构现有的风险管理理念，改变了先做业务后管理风险的实际操作方式。银行管理者可以方便快捷地先在真实市场环境下快速模拟出所设计的资产组合中的各类风险，再决定采取相应对策对资产重新组合的主动规避风险的管理操作模式。

二、流动性风险量化管理方案设计

流动性风险是指商业银行在业务经营发展中，用于日常经营兑付的资金由于突发因素的影响而导致日常准备的头寸不足，不能按客户需求进行现金头寸的兑付、债务的及时清偿以及发放贷款，从而导致人们对银行产生信用危机，引发大范围的挤兑风波，影响银行的正常经营并造成重大损失的金融事件。村镇银行的流动性风险管理是指在业务经营过程中为了防止流动性风险发生，而对所有金融产品、经营环节、业务条线等方面可能引发的流动性风险进行充分识别、有效计量、持续监测和适当控制的整个过程，就是流动性风险管理。村镇银行的流动性风险主要有三大类：

一是来自市场流动性和融资流动性的风险。

市场流动性风险是指在市场某些因素影响下导致货币供求关系紧张，急需资金的村镇银行难以如往常一样通过出售资产来获取资金，筹集所需要的现金头寸，从而无法正常经营，造成重大损失；融资流动性风险是指商业银行无法通过筹集资金的渠道获取现金头寸来满足其对流动性资金的需求，这种由于筹资能力不足导致对其经营及财务带来的损失，称为融资流动性风险。

二是期限错配流动性风险、违约流动性风险和提前支取流动性风险。

期限错配流动性风险是指村镇银行的资产和负债不是在同时到期，而管理者未能进行正确的资产组合搭配，而形成的兑付风险。一般来说，商业银行普遍存在吸收的是短期存款，而发放的是中长期贷款，当大量客户的存款到期聚集在某一时段支取时，由于银行资金准备不足，其大量发放了长期项目贷款而不能提前回收，如果此时向外部融资的能力又不足，难以及时从银行同业拆借或者金融市场中获得资金支持，就导致因资产期限错配而产生了流动性风险；违约流动性风险是较为常见的流动性风险，指村镇银行发放贷款中，由于贷款人的本金及利息不能按时偿还，在单方面违反借款合同的约定情况下，导致银行流动性风险的产生；提前支取流动性风险一般是相对于大额定期存款来说的，因为大额定期存单对于村镇银行这类小型银行机构来说有着较大的影响，如果这类客户把未到期的存单提前支取，可能导致其无法及时兑现，而对正常经营造成的风险。

三是过剩流动性风险和不足流动性风险。

从村镇银行的实际经营来看，过剩流动性风险主要是市场中的货币供给量多于货币的需求量所间接引发的，过多的流动性会诱发银行管理者为获取更多盈利产生冲动，而忽略发放贷款的质量，产生潜在的信用风险，最终形成流动性风险；不足流动性风险是村镇银行对自身的流动性管理不合理，备用的流动性头寸不足以应对正常的经营需要，资产负债不匹配造成的风险。

相对于其他商业银行，成立不久的村镇银行可能面临更大的流动性风险。前面已有论述村镇银行的负债结构不合理，主要依赖对公存款，吸储能力还不强，能快速变现的资产少，加上发展初期的风险预警不到位等综合因素，使经营初期的村镇银行存在较大的流动性风险隐患。因此，加强流动性风险管理，非常紧迫。

MtF 模型的风险管理系统对资产负债的流动性风险管理，分析的指标不仅包括对银行的长期经济价值或资本市值的影响，也包括对短期的会计收益或纯利息收入的影响。前面的久期分析、情景模拟分析（单个假设情景或由历史模拟和蒙特卡罗模拟生成的情景集合），都可以继续在这里使用，只是由于资产负债覆盖更广泛和特殊的银行账户业务，因而增加了不同的计量指标。增加的指标如缺口分析、收入模拟、久期分析及经济价值的敏感性分析等。

1. 缺口分析

缺口分析是资产负债的流动风险管理中最传统和常用的方法。它的基本思想是在一定时期内把那些重新定价的组合资产与负债进行比较，得到的差值就是该时间段的缺口。如果缺口为正值，表示在利率增加时会带来收益增加，数值越大，利率变动带来收益的增加就越多；如果缺口为负值，则相反。MtF 模型的管理系统可以提供三种缺口分析。

（1）静态缺口分析。静态缺口分析是最简单的也是最基本的一种缺口分析，它完全按照目前产品合同约定的期限来定义重定价时间。优点是计算简便、清晰易懂，能够给资产负债管理人员一个大体的概念，缺点是其度量的精确性由于假设的简单而较低，没有充分考虑到利率风险中的基准风险、收益率曲线风险和期权性风险。另外，不能考虑将来的业务对资产负债表的影响，简单地假设为没有变化，而这是非常不符合实际情况的。

MtF 模型的管理系统可以设置生成不同的静态缺口报告，例如，可以生成短期/长期的资产负债期限缺口报告或合并在一起。在时间段的选取方面，MtF 模型的管理系统具有很大的灵活性，可以根据村镇银行的不同要求设计。如表 5-10 所示，时间划分短期用天为单位，长期以年为单位，但这种间隔是可定义的。除了计算缺口以外，系统还可以计算累计缺口和其他指标，一年的累计缺口是一个常用的指标。

表 5-10　短期资产负债期限缺口报告

短期资产负债余额	重定价时间				
	30 天	60 天	90 天	……	180 天
短期资产 ……					
短期负债 ……					
缺口 累计缺口					

该报表主要是针对短期资产负债，它按照这些资产负债的各自重定价时间将它们的余额放在相应的时间列中，然后分别对短期资产（负债）做汇总，进而计算缺口。表 5-11 是针对长期资产负债，主要不同是时间段的选取。

表 5-11　长期资产负债期限缺口报告

长期资产负债余额	重定价时间				
	一年	两年	三年	五年	……
长期资产 ……					
长期负债 ……					
缺口 累计缺口					

（2）Beta 调整的缺口分析。Beta 调整的缺口分析也是对静态缺口分析的

一个补充和发展，主要是可以考虑基准风险。基准风险来源于贷款利息收入和存款利息支出所依据的基准利率不同，两者的变动不一致导致的风险。Beta 就是用来描述不同利率基准变动程度的相关性，然后通过这种相关性对资产或负债的调整来描述基准风险。

Beta 调整缺口报告的格式和种类均与上面的静态缺口报告类似，只不过在计算余额时，有些需要做 Beta 调整，即乘以相应的 Beta。这种分析需要事先通过历史数据计算 Beta。

（3）流动性缺口分析。不同于前面的缺口报告，流动性缺口分析主要是衡量流动性风险，也就是现金流的匹配程度。流动性缺口分析有助于理解未来时间可能出现的现金缺口，并提前做融资准备；或者有现金富余，可以用来投资。如果结合动态调整策略，系统还可以根据资产负债的变化生成动态的流动性缺口分析。

流动性缺口报告的格式和种类均与上面的静态缺口报告类似，只不过报表内填充的内容不是余额，而是发生的现金流。

2. 收入模拟及 EaR

缺口分析只是一种初级的、粗略的估算流动性风险。为了能够较精确地衡量流动性风险，覆盖基准风险、收益率曲线风险和期权性风险，就必须做很多假设，而后做出调整，Beta 调整就是一个例子。与之相对应的是采取一种更全面的系统的方法来衡量流动性风险，收入模拟就是这样一种方法。

收入模拟是情景分析的应用之一，它的目标就是预测在未来可能发生的利率变动下对银行净利息收入，也就是收入的影响。例如，当收益率曲线平行移动 100 个基点对银行收入带来的变化。需要强调一点，是给收入带来的变化，即敏感性，而不是绝对的收入。

MtF 模型的风险管理系统可以按照用户定义提供各种情景及其分析，例如，对收益率曲线的平行移动、变陡、变平、倒置等，对汇率的变动。MtF 系统还可以自动产生多因素的联合情景，又如，同时考虑利率和汇率的变动，它们之间的相关性可以从历史数据中获得。MtF 系统有专门的情景产生引擎，支持生成各种情景，包括用户自定义情景。针对不同的利率、汇率或综合情景，MtF 系统都可以做利息收入的敏感性分析。分析后的报表见表 5－12。

表 5－12 收入敏感性分析报告

资产负债	余额	利息收入	利息支出	净收入变化
总部				
分支行				
按机构或币种或会计科目				
……				

收入在险值（Earning at Risk，EaR）是在资产负债的市场风险管理中常用的指标。它不是局限于单个的情景，而是基于一系列的情景，又称情景集。这些情景的产生既可以是用蒙特卡罗方法，又可以沿用历史变化。所以 EaR 是一个统计概念，在对所有情景下计算收入变化并产生其分布之后，用置信区间得到相应的收入变化数值。

MtF 模型的风险管理系统可以设置为用单步蒙特卡罗和历史方法来计算 EaR。置信区间可以设置为 95%、97.5%、99%，这些参数均可以变化，见表 5－13。

表 5－13 收入敏感性分析报告

资产负债	EaR（95%）		EaR（…）	
	蒙特卡罗	历史	蒙特卡罗	历史
总部				
分支行				
按机构或币种或会计科目				
……				

3. 久期分析

久期分析在资产负债的市场风险管理中应该说是对缺口分析的一个补充。缺口分析考虑的是利率风险对短期收益带来的影响，或者是敏感性；而久期分析考虑的是利率风险对银行经济价值（或资本市值）带来的影响，是长期的考量。很多利率敏感性资产或负债，如五年的浮息贷款，利率变动对它的影响不仅反映在短期（一年内），而且反映在中长期（一年后）的利息流中，所以影响了它的经济价值。如果只应用短期的缺口分析便不能捕捉中长期的风险。久期分析可以弥补这一点。

MtF 模型的风险管理系统提供多种久期的计算方法，有麦考利久期、修正久期、有效久期等。同时它还可以计算各种凸性，凸性是久期对利率的敏感性，用于更精确地衡量利率敏感性。计算后的报表见表 5 - 14。

表 5 - 14 久期分析报告

资产负债	余额	久期	有效久期	有效凸性
总部				
分支行				
按机构或币种或会计科目				
……				

4. 资本经济价值的敏感性分析

资本经济价值（Economic Value of Equity，EVE）的敏感性分析弥补收入模拟和 EaR 的不足。银行的资本经济价值是基于银行长期赢利能力的预测，不同于会计账面的所有者权益，而是所有者权益的内在价值。资本经济价值的敏感性分析就是预测在未来可能发生的利率变动下对银行总体经济价值的影响，也就是资本经济价值的变化情况，用它来衡量利率变动对银行总体的长期影响。

资本经济价值的敏感性分析也是用模拟的方法，即情景分析。这里的情景分析不仅可以使用单个用户自定义情景分析市值变化，也可以使用系统自动产生的情景集合，例如，蒙特卡罗和历史情景集。如果使用情景集合，那么就可以计算 Eve at Risk 这一统计指标。分析报表见表 5－15。

表 5－15　资本经济价值敏感性分析报告

<table>
<tr><th rowspan="2">资产负债</th><th colspan="2">情景一</th><th colspan="2">情景…</th></tr>
<tr><th>经济价值</th><th>经济价值变化</th><th>经济价值</th><th>…</th></tr>
<tr><td>资产
按会计科目
……</td><td></td><td></td><td></td><td></td></tr>
<tr><td>负债
按会计科目
……</td><td></td><td></td><td></td><td></td></tr>
<tr><td>资本</td><td></td><td></td><td></td><td></td></tr>
</table>

该报表主要是针对单个情景的市值敏感性分析。情景的选择可以基于蒙特卡罗情景分析，也可以基于历史情景分析。表 5－16 是基于蒙特卡罗情景的报表。

表 5－16　资本经济价值敏感性分析报告（蒙特卡罗情景）

资产负债	Eve at Risk（90%）	Eve at Risk（95%）	Eve at Risk（99%）
资产 按会计科目 ……			
负债 按会计科目 ……			
资本			

综上所述，我们可以看出，MtF 模型的管理系统为流动性风险管理提供了方便、简捷用户自定义操作界面和报表显示功能，且具有很强的自定义可变性。村镇银行管理者可以根据自己的责任和银行的要求自行定义各种类型的显示界面、图形或数字报表，以符合银行内部管理流程的需要，并能适应银行内部管理流程的调整和完善。同时，该方案还提供一个便于操作的挖掘查询功能，这能让管理人员可以无遗漏地查看银行资产负债的详细分配以全面地对银行资产与负债的匹配度进行分析。

三、信用风险量化管理方案设计

随着经济金融环境的复杂多变，我国银行信用风险管理面临着许多新的问题和挑战，近几年在我国经济结构中，各种矛盾突出，企业杠杆过高，利率市场化进程中信用风险和市场风险交叉传染，银行业过度竞争导致其重视业务规模扩张而忽视防假反假能力的提升等现象，导致管理信用风险的复杂程度不断上升。为了应对这些复杂的局面，村镇银行的信用风险量化管理必须改变传统的信用管理方法，传统的信用管理方法是一种静态管理方式，对信贷资产的估值采用历史成本法，要等到借款人的违约实际发生时才计为损失的一种静态管理方法。只有变静态为动态实现实时管理，才能应对那些复杂的局面，因此，村镇银行在信用风险管理中应对违约发生前借款人的还款能力的变化而造成信用风险程度的变化要事先量化并能根据实际信用风险的程度变化而进行动态的管理，采取行动来化解信用风险，才是上策。

MtF 模型的信用风险管理系统考虑了我国近 20 年来银监会陆续出台的信用风险监管的相关文件与法规的要求，并把这些要求纳入信用风险管理的限额设计中。具体的文件与法规有中国银行业监督管理委员会 2004 年 7 月 25 日发布的《商业银行授信工作尽职指引》、《商业银行房地产贷款风险管理指引》（银监发〔2004〕57 号），2006 年 10 月中国银监会发布的《商业银行小企业授信工作尽职指引（试行）》、《商业银行集团客户授信业务风险管理指引》

（银监发〔2007〕12 号）、《农户贷款管理办法》（银监发〔2012〕50 号）、《商业银行并购贷款风险管理指引》（银监发〔2015〕5 号）等。按银监会要求设计的科学量化管理系统，管理者要对非零售客户与零售客户进行信用评级、抵质押品管理、客户信用风险监测预警管理等，且每天根据村镇银行和交易客户的信用状况动态地衡量信用风险的水平，以客户违约风险、债项违约后损失风险的精准计量为目标，通过信用敞口的计量，实现信用资本的优化配置与资本的限额管理，以满足现代银行对信用风险进行量化管理的需要。管理体系架构见图 5－2：

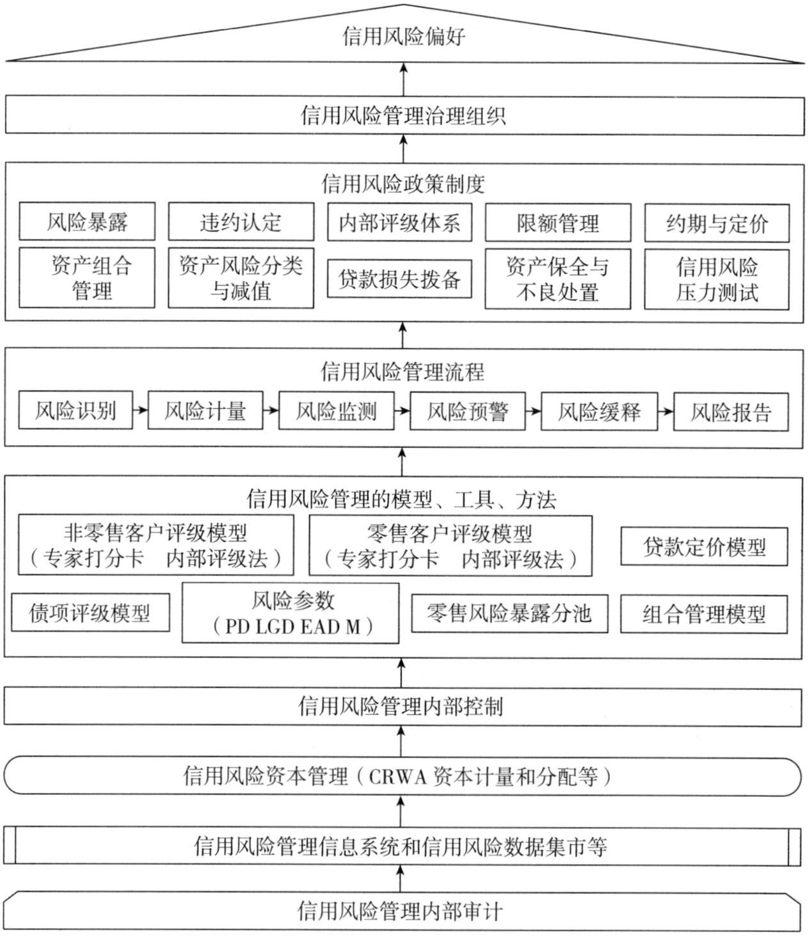

图 5－2　信用风险管理体系架构

MtF 模型的信用风险管理系统计量银行贷款信用风险的要素包括计算风险敞口指标、估算贷款客户的违约概率和计量违约损失率。

信用风险的风险敞口是指一定期限内银行贷款客户未偿还的贷款本息金额，一般确定风险敞口的数额极为简单，如果银行客户存在信用透支或尚存有授信额度未使用时则需要预测。目前村镇银行在风险敞口方面的管理是依据银监会发布关于集中度风险管理的相关文件规定执行的，统计数据的授信风险敞口为扣除银行存单、国债和保证金后的授信余额。对风险集中度的监管，授信给集团客户与单一客户的贷款上设定了限额，遵照银监会的规定单一客户贷款集中度不超过村镇银行资本净额的 10%，前十大客户贷款总额不超村镇银行资本净额的 50%，单一集团客户授信不超过村镇银行资本净额的 15%。

违约概率是指一定时期内银行贷款客户不能及时按合约规定偿还本息的可能性。违约概率通常只是估算，很难直接度量，对村镇银行来说，缺乏可以利用的历史数据借鉴，度量更加困难。由于村镇银行的客户多为涉农小型、微型企业和农村地区的个人信贷客户，目前征信系统所收集到的这些客户数据极为有限，通过公开渠道又很难获得，他们的样本量大，数据收集成本高，在同一区域的小企业之间都有业务往来关系，一旦个别企业违约，就会影响当地的信用环境及个人。因此，使用传统的银行对公或对私常用的信用评分系统（Credit Scoring System）不能满足计量村镇银行违约率的要求，可以借鉴互联网金融公司以大数据为基础的数据挖掘与机器学习技术，尝试模拟个体决策行为。虽然数据挖掘技术优势明显，对于数据量大、参考变量多、维度高的村镇银行的大量小微企业与个人信贷客户，也能利用算法对潜在变量与潜在规律进行挖掘，但其开发成本极高，单一村镇银行难以完成，如果实现控股集团制的集约化后可以委托专业公司专职开发。因此，目前的村镇银行估算违约概率一般可以参考同在一个区域经营环境的商业银行已经收集的相关数据，也可以从第三方评级机构或政府相关的部门获取，还可以自己利用经营中记录的违约样本导入系统的观察统计量中，通过模型模拟后推导出一定时期内银行客户总样本的违约比率，用它作为违约概率的代用数据。

违约损失率（Loss Given Default，LGD）是贷款客户不能按合约规定偿还本息后给银行带来损失的比率。计量违约损失率不仅是用内部评级法（The Internal Ratings Based Approach，IRB）评估信用风险的主要要素，也是《巴塞尔资本协议Ⅱ》的核心内容。当前银行一般选用初级法或高级法来计量违约损失率这个指标值。我国银保监会对村镇银行这类小型金融机构要求使用初级法计量就可，鼓励探索使用高级法计量。MtF 模型的信用风险管理系统里可以选用初级法，例如，在估算个人住房抵押贷款的违约损失率时，系统会自动默认 10% 的指标值，这也是按监管当局要求的对各种抵押品的违约损失率不得低于 10% 来设定的。而高级法的运用要具备一些条件，我国监管部门允许与鼓励银行计算违约损失率，但银行必须要有完整记录 7 年以上的历史违约数据，可用来预测未来的违约损失率，且对估算的步骤做出了以下四个严格规定：一是估计违约损失率重点在于考量抵质押担保品，银行内部必须建立严格的要求，对抵质押担保品的操作程序及法律确定性方面要按标准风险管理过程的要求相一致；二是银行在计量违约损失率时，必须考虑贷款客户的风险和抵质押担保品风险或抵质押担保品提供方风险之间的相互依赖程度；三是银行必须估算单一客户长期的每笔贷款的平均违约损失率，这种长期是包括经济的整个周期作为考量的，保证估算的平均违约损失率能适用于经济低迷时期的违约损失率；四是银行对已经发生违约的贷款，分析清楚当前贷款的法律地位和经济具体情况，最妥善地估计每笔贷款的预期损失，包括增加的清收费用等。目前对于村镇银行来说，能采用初级法已经达到 2009 年中国银监会签发的《农村中小金融机构风险管理机制建设指引》中第二十六条鼓励有条件的机构采用违约概率、违约损失率等计量方法管理信用风险的要求了。MtF 模型的信用风险管理系统设置了高级计量法的选项，在分析中考虑了五个影响因素：抵押、债务类型、借款人的信息、行业信息以及国家和地区信息。

计量违约损失率时通常还要考虑银行的回收率，有时债务人发生违约后银行还是可以对其资产进行一定的回收，不会造成全部损失。回收率的高低视贷款条件的不同而不同，村镇银行信贷投放中以房地产、土地使用权、机器设备和收费权为抵押品的抵押贷款及个人担保贷款为主。在实践中村镇银行对回收率的估计会有一定的困难，可以参考我国四大金融资产管理公司在处置原四大国有商业银行不良资产的回收率。资料显示，2004 年四大金融资产管理公司处置的不良资产回收率为 26.60%，现金回收率为 20.16%。另外，2004 年中国建设银行在处置账面价值为 40 亿元不良资产时采用国际通用的竞标方式，结果综合资金回收率也只有 34.75%。还有国内学者张海宁（2004）以 191 个大型商业银行信贷项目作为样本得出资产平均回收率为 33%。因此，村镇银行可根据宏观经济不同的背景做出不良资产回收的乐观与悲观估计，取值在 20% ~50% 较为合理。得到以上数据后，利用信用风险量化的公式计量结果：

预期损失 = 违约概率 × 违约损失率 × 风险敞口

信用风险中还要考虑非预期损失这一指标，非预期损失是依据违约概率、违约损失率和风险敞口三要素的波动情况决定的。由于村镇银行主要客户为涉农及中小企业，根据国际金融机构开发出的不同模型的特点及适用性，选用“Credit Risk +”模型较为适合村镇银行的信用风险评估。“Credit Risk +”模型是由瑞士信贷银行（1997）推出的信用风险评价模型，因为该模型不关注在险价值，只考虑违约或不违约两种状态，使用起来简单明了，所以被广泛采用。MtF 模型的信用风险管理系统设置了该方法，此方法中假定银行客户的违约具有相对独立，被默认为每笔贷款发生损失的概率小且这种概率分布是一个连续变量。当连续变量与小概率的时间组合在一起时，就形成了泊松分布。该模型除了考虑多笔贷款组合损失发生的概率外，还考虑对银行造成损失的严重程度，这里是通过按银行每笔的风险暴露量进行分组，再纳入模型中进行计算。这样，该模型考虑两种以上要素的波动情况，即违约发生率的波动和损失严重程度的波动，也就是说该模型已经考虑了非预期损失这一指标了，我们从该系统可以得到所计量贷款组合的损失分布，进而确定预期损失和非预期损失，并按监管要求来计量信用风险资本量。

MtF 模型的信用风险管理系统设置了个性的限额设定与监控，银行管理者可以把要求的信用风险经济资本分配到不同信用资产组合层面进行比较分析，选用最优的资产组合，并将其作为组合层面的信用限额设定，这就使运用这种计量方法确定的银行信用资产组合的经济资本占用最小，资本回报率最大化。村镇银行可以将这种经济资本分配和限额管理的定量分析与其经营目标和战略规划的定性分析相结合，建构成一套完整的限额设定和监控体系，如图 5－3 所示。

该体系能协助村镇银行建立整套的量化分析模型以及精细化的信用风险规避策略，从强化风险识别、分析、控制等核心环节着手，进而构建覆盖信用风险全生命周期的管理体系。在银行交易层面中，健全和完善内部信用评级体系、组合层面的改进信用风险分析的方法和技术，建立信用风险评估体系和定价模型，通过两者实现信贷产品的最优组合，来满足监管部门的信用风险合规要求。在银行组织层面，建立健全信用风险管理的管理机制和组织体系，实现全程动态监控银行的信用风险，及时有效的预判面临的信用风险；在数据信息化建设中，通过违约客户数据的记录，建立信用风险资产的数据信息库，选用不同的定性与定量方法作为应对风险的策略，实现对风险数据进行标准化管理，提高信息技术在信用风险管理领域的应用水平及决策效率。

四、操作风险量化管理方案设计

《巴塞尔协议Ⅱ》将操作风险定义为：由于不正确的内部操作流程、人员、系统或外部事件所导致的直接或间接损失的风险。并于 2004 年把操作风险列入与市场风险和信用风险一样的监管支柱队伍，明确提出对操作风险的资本要求以及商业银行必须建立与之相应的管理体系。在我国，中国银监会于 2005 年发布《关于加大防范操作风险工作力度的通知》，提出防范操作风险的“十三条措施”，开始注重对国内的商业银行操作风险的监管。随后的两年里

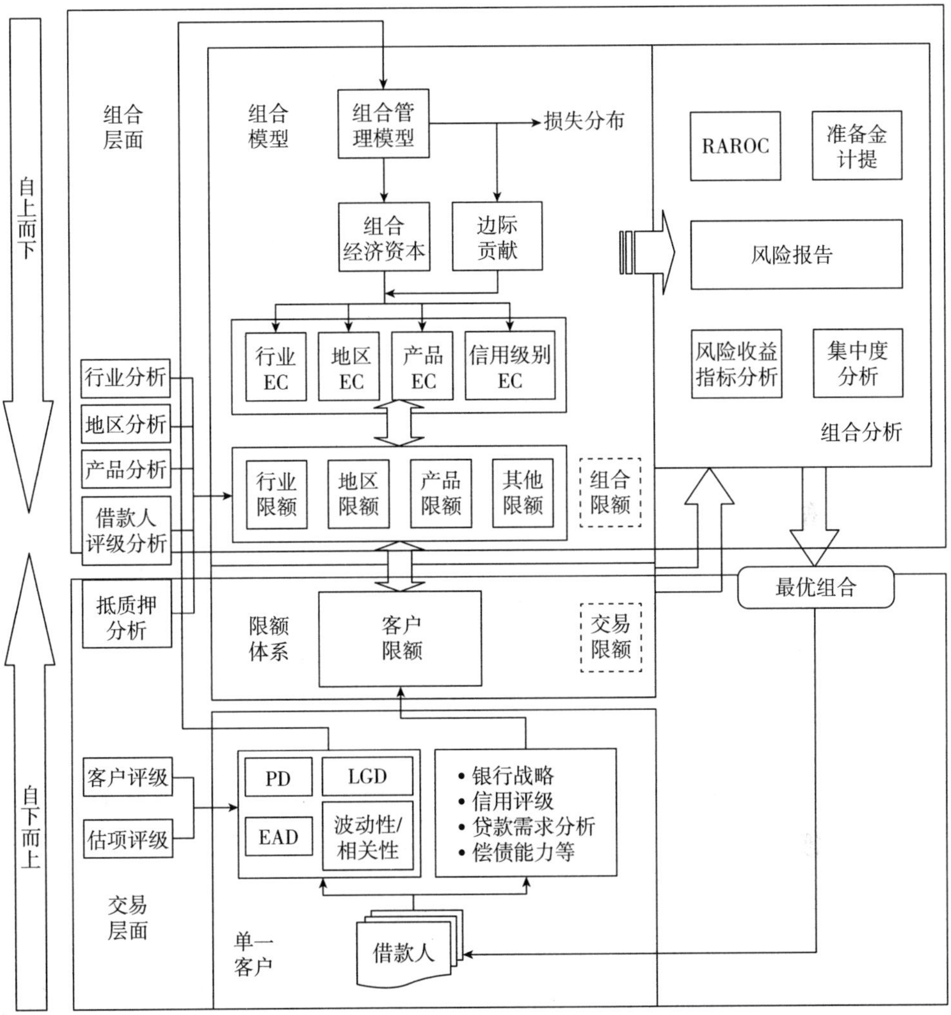

图 5－3　信用风险限额设定和监控体系

又发布《商业银行操作风险管理指引》正式文件，以法规的形式把银行的操作风险管理纳入银监会重点监管范围。这一重要风险管理文件明确了商业银行对操作风险管理的认识、制度建设、组织架构的内容，明确规定商业银行必须建立操作风险管理识别、评估、监测、报告、持续经营的机制，还进一步提出银行在构建操作风险损失数据库和研究开发操作风险资本计量分配模型等方面的职责。2009 年 3 月，在我国加入了《巴塞尔协议》后，中国银监会发布《商业银行资本计量高级方法验证指引》，2012 年中国银监会再次发文《商业银行资本管理办法（试行）》对操作风险计量管理做出规定，并要求于 2013 年 1 月 1 日起正式实施。这标志着我国商业银行操作风险管理从定性向定量的转变。2016 年中国银监会出台的《银行业金融机构全面风险管理指引》中把信息科技风险归为操作风险的一部分。因此，操作风险的重要性和迫切性理应受到村镇银行的关注。由于村镇银行所处的环境以及自身业务的发展变化，必须高度关注人员、流程、系统以及外部环境所带来的风险，从而促使其加速建设能科学量化操作风险的管理体系。

操作风险管理解决方案的目标是基于村镇银行操作风险管理的实践，根据银监会的操作风险管理指引，参考国内银行管理的经验，建立符合村镇银行实际的业务规模和管理复杂程度相匹配的操作风险管理系统，促进对操作风险的识别、评估、监测和控制/缓释，全面提升村镇银行操作风险管理能力和专业化程度。

近年来村镇银行所处的金融市场发生了剧烈变化：银行职员频繁变动，金融市场的产品设计复杂，同业竞争越来越激烈，金融科技更新越来越快。操作风险分布广泛、管理复杂，既包括银行员工业务操作中的舞弊行为，又包括发生概率低但能够导致较大损失的自然灾害，还包括员工日常业务处理中的小错误等，几乎不可能用一种方法来测量和管理这些所有领域的操作风险。因此，《巴塞尔协议Ⅱ》针对金融机构操作风险管理的复杂性，设计了三种由简到繁的操作风险计量方法：基本指标法（The Basic Indicator Approach，BIA）、标准法（The Standardised Approach，SA）和高级法（The Advanced Measurement Approaches，AMA）。

基本指标法（BIA）是一种单一指标法，计算比较简单。我国开始实行对操作风险进行管理时，银监会按基本指标法规定了一些基本的比例作为操作风险监管指标。《巴塞尔协议Ⅱ》是根据银行总体风险敞口这一指标来确定对操作风险资本计量的要求，即通过总体风险敞口（用前三年总收入的均值指标来代表）与一个固定的百分比相乘得出操作风险监管资本要求。计算公式如下：

$$K_{BIA}=GI\cdot\alpha \tag{5-2}$$

K_{BIA}表示基本指标法得出的操作风险资本，GI表示前三年银行净利息收入加非利息收入总和的平均值，α表示固定的百分比，巴塞尔管理委员会把α设定为15%。该方法对于刚开始对操作风险进行管理的国家来说，可操作性强，简单易行。但是现实中暴露的操作风险与该银行的总收入值之间的联系并不十分紧密，可能多占用了资本金，导致银行资金利用效率不高，并且还无法正确地反映复杂的操作风险。

标准法（SA）是一种多指标方法，在基本指标法上进行了细化和改进。在计算银行的总收入时，把银行业务细分为8条业务线，分别计算零售银行业务、公司金融业务、支付和结算业务、交易和销售业务、委托代理业务、商业银行业务、零售经纪业务和资产管理业务八条业务线的总收入与相应的百分比，再求出总和作为操作风险资本额。计算公式如下：

$$K_{TSA}=\sum\left(GI_{1-8}\cdot\beta_{1-8}\right) \tag{5-3}$$

式中K_{TSA}表示用标准法计算的操作风险资本要求，GI_{1-8}表示过去三年中8条业务线每条业务线带来的年均总收入，β_{1-8}表示8条业务线相对应的风险联系度，《巴塞尔协议Ⅱ》规定了8条业务线的β值分别为12%、18%、18%、18%、15%、15%、12%、12%。应用该计量方法不需要拥有复杂的信息管理系统，也可以按规定便捷地计算出银行所需的操作风险资本量，具有很强的可操作性，比较适用于规模较小的银行。由于该方法同样是按固定的风险比例计提操作风险资本金的，计算出的8条产品线的操作风险不能与每家银行机构实际的操作风险相匹配，还是不能精确的实行操作风险管理。后来《巴塞尔协议Ⅱ》对标准法进行了修改，改进成一种调整的标准法（Alternative Standardised Approach，ASA），调整的标准法因为避免了风险的重复计算而使计量的结果相对更准确。主要是通过调整的商业银行业务和零售银行业务两条线的风险资本计算，使计量结果更加准确，调整后的计算公式变为：

$$K_{RB}=\beta_{RB}\cdot m\cdot LA_{RB} \tag{5-4}$$

K_{RB}表示零售银行或商业银行业务操作风险资本，β_{RB}表示零售银行或商业银行业务的β日值，LA_{RB}表示零售银行或商业银行业务前三年贷款额和预付款额之和的年均值，m 等于 3.5%。这里计量零售银行前三年贷款额和预付款额之和的年均值时，包含的是大零售，也就是统计银行财务报表中的零售业务、买入的零售业务应收款项以零售业务处理的中小企业贷款等。在计量商业银行前三年贷款额和预付款额之和的年均值时，统计的贷款项目包含财务报表中的专项涉农贷款、公司贷款、主权贷款、金融机构往来款、小微企业贷款、买入的企业应收款项等多种项目。其他六类业务仍然采用标准法中的计算公式对操作风险资本进行计量，最后依据调整前的标准法汇总计量银行的操作风险资本。

高级法也称内部度量法（AMA），是一种高级资本计量方法。该方法在标准法的基础上，依照各银行的业务的特点细分为不同的产品线，通过测量得到该细分的产品线/风险类型组合的一个风险暴露指标（EI）值，并将其设定为标准风险暴露指标（EI）值，意味着此类业务风险可能发生的数量或规模。银行依据内部已经发生的各业务条线操作风险造成的损失数据计算出给定损失事件的概率（PE）以及该事件的损失金额（LGE），再计算出该条产品线的预期损失。则该产品线/风险类型组合的预期损失（EL）的计算公式为：

$$EL=EI\cdot PE\cdot LGE \tag{5-5}$$

许多银行已经依据历年的操作风险事件录入了计算机系统，并及时对数据系统进行更新维护。因此，银行监管者可以根据全行业数据库的损失分布，为每个产品线/损失类型组合确定一个将预期损失转换成监管资本要求的转换因子，再利用转换因子计算出每个业务单位的操作风险资本的要求。用高级法计算的总资本要求（K_{TAMA}）的计算公式为：

$$K_{TAMA} = \sum_{i} \sum_{j} [\gamma(i,j) \cdot EI(i,j) \cdot PE(i,j) \cdot LGE(i,j)] \tag{5-6}$$

其中，i 表示产品线，j 表示风险类型。采用内部度量法是根据银行自身状况来计量监管资本的，相对于标准法所计量出来的监管资本会更准确、更全面、适应性也更强。不过，内部度量法在计算 56 种损失事件时，需要分类并予跟踪观测记录及对损失原因的数据收集工作，这些都非常困难，在国内推行内部度量法还在探索中，需要金融机构与研究者共同努力。

MtF 模型的操作风险管理系统设计具有前瞻性，综合考虑了数据、流程、计量、报告等多层面应用能力的设计，考虑了损失数据的收集和积累工作，运用可行的量化技术和方法。例如，可选用的损失分布法，就考虑了操作风险发生频率和损失程度的数据整合与积累，再用这些积累下来的数据预测银行的操作风险损失分布值。虽然运用高级法计量监管资本要有大量的内部数据且计算较为复杂，但 MtF 模型系统考虑了没有很长时间的历史数据积累数据银行的独特性，也可以利用现代计算设备，对操作风险做到精准预测，这就把银行管理的个性要求与全球银行业操作风险共性管理相结合起来。因此，对我国村镇银行的操作风险有一定的适用性。

1. 操作风险管理系统整体流程及功能

要实现有效的操作风险管理体系，需要开展一系列的管理活动，通过实施管理过程，将操作风险控制在投资者和管理者的风险承受范围内、控制在银行业务的风险特性范围内。MtF 系统解决方案在提供操作风险管理信息系统功能支持的同时，将帮助银行对相应的管理活动进行整体考虑，并进行功能映射，在整体规划的基础上进行分步实施，逐步推进如图 5－4 所示。

这些管理流程包含了操作风险管理的全生命周期，从识别、监测、控制、计量、评估损失以及风险报告等在内的所有环节，系统设置了一系列模型工具以便管理者选择使用，可以根据业务情况作出控制自我评估（Control Self Assessment，CSA）、找出关键风险指标（Key Risk Indicators，KRI）、收集损失数据（Loss Date Collection，LDC）等，这些功能有助于村镇银行对操作风险实施

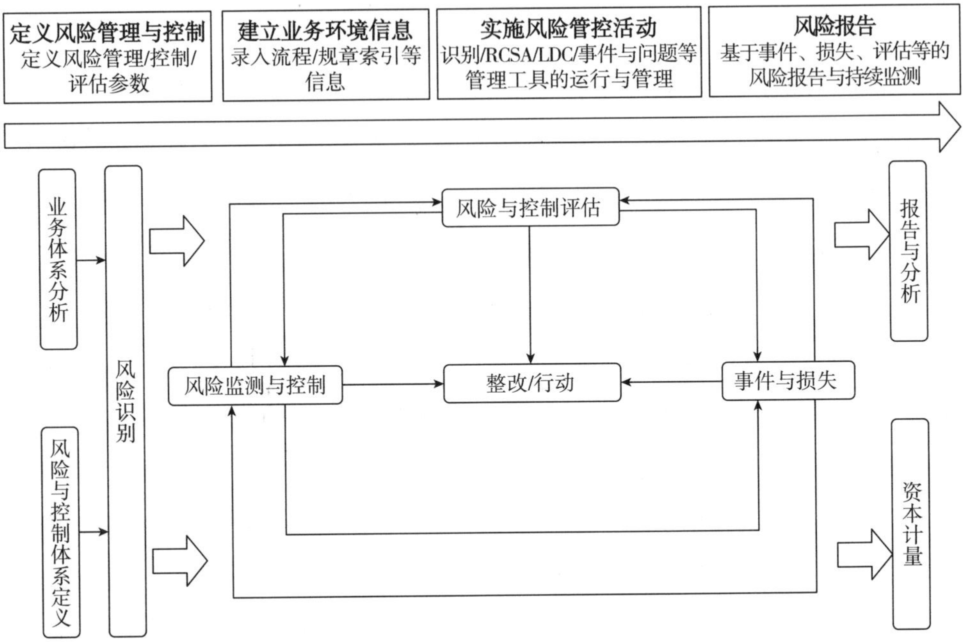

图 5－4　操作风险管理系统流程图

有效管理与控制工作。

MtF 模型的操作风险管理系统设置的对风险识别流程的作用是，银行管理者可以通过该流程输入业务活动的相关数据后，系统会根据一定模型的计算，计量值可供管理者鉴别和分析，识别出业务中可能导致操作风险的因素或产生风险的环节点，确定风险可能导致多大的损失以及造成该风险的原因。风险识别包括对整个业务流程、控制风险的梳理、业务制度安排、管理人员的异动、成果运用以及分析评估等工作。

风险与控制评估功能支持风险与控制自我评估各类自评和检查工具，覆盖对固有风险、控制、剩余风险的评估。银行管理者通过对关键风险指标（Key Risk Indicators，KRI）的数据获取、查询、预警等功能，通过以灵活的方式建立和维护关键风险指标及预警阈值来有效监控重大风险，以定量的方式识别操作风险的变化趋势，在打破临界值时 MtF 系统能够自动触发警报并激活行动计划。在风险控制中支持对内外部损失事件数据的收集、报送、确认、分类、统计分析等，进而建立损失数据库，为操作风险的计量模型提供数据支持。银行管理者可以对已经识别的风险进行不定期或定期的评估，找出风险产生的原因，估算风险产生的概率和影响，评价风险与控制评估的有效性等。银行管理者对其有效性的检验可以在系统中生成风险热图、等级矩阵等形象的分析工具，清晰明了地展现出来，再通过将展示出来的操作风险与银行的风险管理战略和政策进行比较，最后分析得出风险管理政策的效用。

风险缓释对应急预案、保险单等风险缓释措施进行管理，建立风险缓释库。在操作风险的管理过程中，自动提醒缓释措施的执行，并记录措施的执行情况。风险缓释配合行动计划使用，作为风险控制的补充手段，抵销或者减少风险损失。MtF 模型的操作风险管理系统中的资本计量功能支持基本指标法、标准法和高级计量法，可以提供必要的统计分析和建模。例如，目前国际银行使用成熟的 Monte Carlo、VaR 等技术，提供基于损失数据的计量方法，用于计算累积损失和一定置信度的风险价值，为村镇银行风险决策和经济资本配置提供依据。

风险报告功能采用联机分析引擎生成有关报表，风险管理相关人员可以选择固定或自定义的报表/报告格式与内容，也可以选择即时或定时获取操作风险相关的损失数据，进行风险与控制自我评估，找出关键风险指标等报表和报告，为操作风险管理的决策分析提供信息支持。

2. 管理体系的融合

操作风险管理只是全面风险管理与控制体系的组成部分，村镇银行需要从全行的业务运作及管理体系层面对操作风险、内控、合规、审计等各类管理功能进行全局统筹考虑和对接，既要考虑银行内部管理的需要，又要考虑符合银监会监管的要求。

从内部管理角度，建立完善的操作风险管理体系，并与内控体系相衔接，有利于形成全局范围内的风险管理与控制联动。

从外部监管角度，村镇银行在满足银监会关于新资本协议、合规、内控要求的同时，也需要满足以基于 COSO 全面风险管理框架财政部等五部委《企业内部控制基本规范》的要求。

MtF 模型的操作风险管理系统提供如图 5－5 所示的管理融合平台框架，衔接与融合了村镇银行解决操作风险与内控、合规等相关的管理问题。

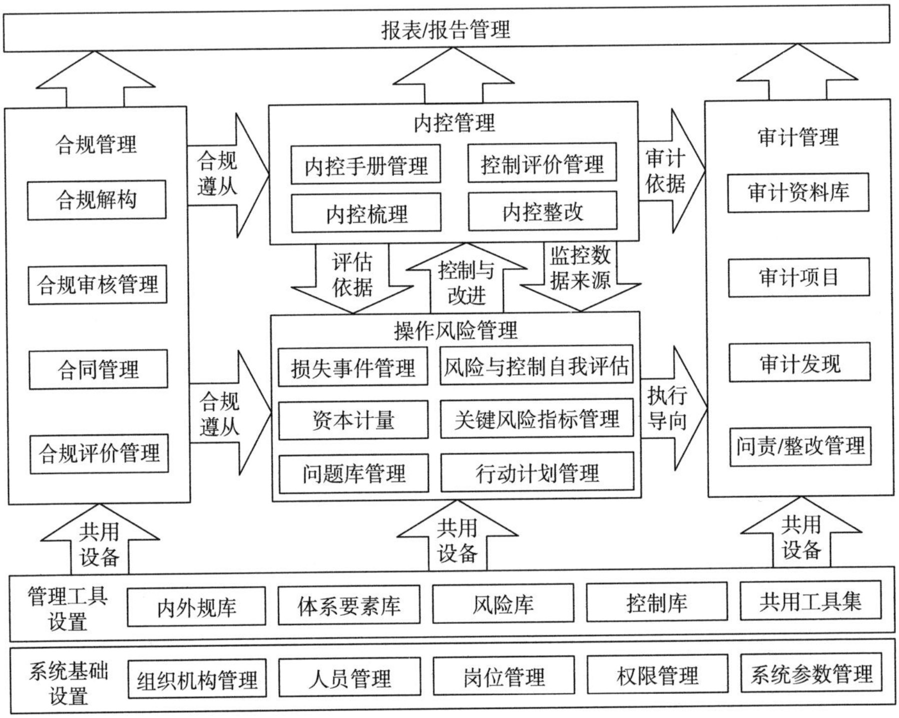

图 5－5　操作风险管理体系

第六章　案例分析

第一节　安徽长丰科源村镇银行的经营情况

安徽长丰县长丰科源村镇银行紧邻合肥市的南部集镇双墩镇，于2008年2月2日挂牌成立，是为数不多的设立在县城城区外的村镇银行之一，也是安徽省设立的第一家村镇银行。安徽长丰科源村镇银行的主发起行是合肥科技农村商业银行股份有限公司，其出资占总注册资本金1亿元的40%。注册资本金规模在当时来说是全国村镇银行中规模较大的，其余60%的注册资本金是由非金融机构企业法人8家出资占比50%和自然人（含职工股）80名出资占比10%组成。

长丰科源村镇银行伴随长丰县经济快速发展时期顺势成长。该县至今总人口只有80万，县域面积1841平方千米，辖14个乡镇、1个省级开发区。长丰县建于1965年，1994年被确定为国家扶贫开发重点县，近十多年快速发展，脱掉了国家级贫困县帽子，2016年在全国综合实力百强县排名第99位，成功跻入全国百强县。2017年迅速提升至第87位。截至2017年底，该县的生产总值为 446.69 亿元，比 2016 年增长了 8.2%；财政收入 55.14 亿元，比 2016 年增长了 11.4%，城镇常住居民人均可支配收入 30490 元，比 2016 年增长了 8.9%。在 2007 年底筹建村镇银行时，该县已有工、农、建三大商业银行的分支机构及农发行政策性银行机构，还有当地的农信社与邮政储蓄共 6 家银行机构，这些银行机构的各项存款余额只有 38 亿多元，各项贷款余额只有 20 亿多元，营业网点绝大部分集中在县城水家湖镇。在双墩镇未设立村镇银行前只有农行营业所、农信社 2 家金融机构。农行营业所只存不贷，2007 年 9 月各项存款 7944 万元，各项贷款余额为 0；为双墩镇本地居民提供金融服务的主要是农信社，各项存款 29847.92 万元，各项贷款 12095.98 万元。为解决双墩镇金融服务供给不足、金融机构网点覆盖率低、竞争不充分等问题，同时也为了自身能立足在具有成长空间的农村经济土壤中，主发起行选择在双墩镇设址。选择双墩镇是因为该镇的交通地理位置独特，紧邻安徽省会所在的城市合肥市的南部；另外，该镇是国家级综合改革试点镇，当地的经济发展基础相对来说较好，近几年来经济发展势头迅猛，紧随双凤开发区经济发展的步伐，共同成为全县经济发展中的领头羊，两者年工业总产值占了全县的 50% 以上。

长丰科源村镇银行开业当年就实现了盈利。2008 年，在 38 名员工（含 16 名实习期员工）的共同努力下，资产总额达到 42834 元，实现主营业务收入 1141.46 万元，利润总额 609.04 万元，净利润 449.35 万元，成立的第一年就按照实收资本的 2.4% 进行了现金股利分配，回报给投资股东。2009 年底，在 37 名员工的努力下，资产总额达到了 80713 万元，同比增加了 37879 万元，增幅达 88.43%，实现主营业务收入 2367.58 万元，利润总额 1058.59 万元，净利润 783.54 万元，第二年按照实收资本的 7% 进行了现金股利分配。2010 年底，员工人数增加到 58 人（含 22 名实习期员工），资产总额达到了 109515 万元，同比增加了 28802 万元，增幅达 35%，增幅可观但有所放缓，实现了主营业务收入 4355.01 万元，利润总额 2923.92 万元，净利润 2193.29 万元，第三年按照实收资本的 12% 进行了股利分配，将分配的股利全部转增资本。2011

年底，员工仍然是58人，资产总额达到了135474万元，同比增加了25959万元，增幅达23.7%，增幅不错但进一步放缓，实现主营业务收入7090.95万元，利润总额2804.50万元，净利润1825.53万元，第四年按照实收资本的12%即1344万元进行股利分配，将分配的股利全部转增资本。2012年底，员工人数增加到75人，资产总额达到了158433万元，同比增加了22959万元，增幅达16.95%，增幅还可以但进一步放缓，实现主营业务收入8732.49万元，利润总额4266.99万元，净利润3131.69万元，第五年按照实收资本的12%即1505.28万元进行股利分配，将分配的股利全部转增资本。2013年底，员工74人，资产总额207074万元，同比增加48642万元，增幅30.70%，增幅比上年又有所上升，实现主营业务收入10854.14万元，利润总额5110.77万元，净利润3169.50万元，第六年按照实收资本的12%即1685.91万元进行股利分配，将分配的股利全部转增资本。2014年底，员工还是74人，资产总额258200万元，同比增加了51126万元，增幅24.69%，增幅下降，实现主营业务收入13671.01万元，利润总额5300.63万元，净利润3694.14万元。第七年按照实收资本的12%即1888.22万元进行股利分配，其中，3.8%转增股本，8.2%现金分配并代扣代缴个人股本年度及以前年度应缴纳的个人所得税。2015年底，员工70人，资产总额246729万元，同比减少11470.19万元，降幅4.44%，实现主营业务收入12045.23万元，利润总额4124.85万元，净利润3112.13万元，第八年按照实收资本的8%即1306.65万元进行现金分红。由于经营环境及宏观政策法规的变化，首年度出现业务不增反降的局面。2016年底，员工降至65人，资产总额319427万元，同比增加72697.19万元，增幅29.46%，实现主营业务收入10571万元，利润总额3800万元，净利润2525万元，第九年按照实收资本的8%即1306.65万元进行现金分红。可喜的是在不利的环境下扭转了下降的局面，并出现增幅可观的好现象。2017年底，员工降至59人，资产总额448431万元，同比增加了129004万元，增幅达40.39%，实现主营业务收入15112万元，利润总额6585万元，净利润4523

万元，第十年按照实收资本的 10% 即 1633.31 万元进行了股利分配，其中 5% 用于转增股本，另 5% 进行了现金分红。2018 年底，在册员工 67 人，资产总额 485400 万元，比期初增加 36969 万元，增幅 8.24%，实现主营业务收入 21588 万元，利润总额 8005 万元，净利润 5193.83 万元，按照实收资本的 10% 即 1714.98 万元进行了股利分配，其中，5% 用于转增股本，另 5% 进行了现金分红。见表 6－1。

表 6－1　长丰科源村镇银行业务发展情况

单位：人、万元、%

年份	员工数	总资产	注册资本	净利润	净利增幅	所得税	回报股东
2008	38	42834	10000	449.35		159.69	2.4% 现金分红
2009	37	80713	10000	783.54	74.37	275.05	7% 现金分红
2010	58	109515	10000	2193	180	730.63	12% 分红转增股本
2011	58	135474	11200	1825.53	－16.76	978.98	12% 分红转增股本
2012	75	158433	12544	3131.69	71.55	1135.29	12% 分红转增股本
2013	74	207074	14049.28	3169.50	1.2	1941.27	12% 分红转增股本
2014	74	258200	15735.1936	3694.14	16.55	1606.49	12% 分红，其中 3.8% 转增股本，8.2% 现金
2015	70	246729	16333.130957	3112.13	－15.75	1012.72	8% 现金分红
2016	65	319427	16333.130957	2525	－18.87	1275	8% 现金分红
2017	59	448431	16333.130957	4523	79.13	2061	10% 分红，其中 5% 转增股本，5% 现金
2018	67	485400	17149.79	5193.83	14.83	2811	10% 分红，其中 5% 转增股本，5% 现金

资料来源：根据长丰科源村镇银行历年财务报表整理。

从经营数据上来看，长丰科源村镇银行经历了前 7 年的资产与人员的快速扩张期，2014 年达到峰值，2015 年开始进入了调结构、提质量的发展期，经营稳健，发展有序，很好地回报了股东与社会，到 2018 年 12 月底该银行的注册资本已达 17149.78 万元，服务能力不断加强。

当长丰科源村镇银行成立时，面临机构弱小，参与同业竞争难，社会公信度不高，业务拓展难，政策扶持没有完全到位，贯彻支农宗旨难的外部困境；以及在产品设计与营销、员工队伍、内控机制建设、风险管理存在诸多薄弱环节的内部情况下，确定了正确的市场定位及发展战略，严格按照“先基础、后提高”“先生存、后发展”“先集镇、后辐射”的步骤制订了发展计划，在追求银行利益的同时，找准了服务农村经济的切入点，实现了自身发展与服务农村经济的平衡点。经过 10 多年的发展，长丰科源村镇银行现有总行营业部、水湖支行、双墩支行、岗集支行 4 家营业机构。在满 10 周岁时（2017 年）进入了全国百强村镇银行序列，目前的重点发展战略是由“高速度发展”向“高质量发展”转变，以防控风险、强化服务、深化改革为导向的三大任务，坚守支农支小市场定位，为长丰县乡村振兴战略和实体经济发展提供有力的金融支持。根据其各年的年报显示其核心资本充足率均大于 4%，资本充足率也均大于 8%，从监管的角度上说明该银行经营符合净资本的监管要求，能抵御银行所面临的风险；资产利润率每年都大于或等于 0.6%，贷款损失准备率每年也超过 100%，不良贷款率都低于 5%，流动性比例皆在 25% 以上，说明其抵御风险的能力较强。从表 6－2 中可以看出，其经营较为稳健，各类风险指标可控，为保持平稳健康的发展奠定了扎实的基础。

表 6－2　长丰科源村镇银行风险情况

单位：%、万元

年份	存贷款比例	资产流动性比例	不良率	贷款五级分类情况		贷款损失准备余额
2008	48.82	140.73	0	正常	15679.9	—
				关注	0	0
2009	53.27	69.77	0	正常	36902.22	160
				关注	34	10.48
2010	65.75	110.70	0	正常	59547.84	719.02
				关注	530	20.60

续表

年份	存贷款比例	资产流动性比例	不良率	贷款五级分类情况		贷款损失准备余额
2011	65.96	59.77	0.65	正常	72844.82	3303.14
				关注	545.12	14.43
				次级	480	120.00
2012	65.96	58.08	1.82	正常	88112.26	5294.24
				关注	2305.98	55.54
				次级	1677.82	419.46
2013	65.68	60.86	2.3	正常	109099.34	—
				关注	4500	99
				次级	2674.82	735.58
2014	63.55	109.22	2.64	正常	130035.15	7487.86
				关注	6803.00	730.47
				次级	3707.51	1275.28
2015	66.01	38.93	3.25	正常	132028.36	7681.06
				关注	7587.06	
				次级	4696.78	
2016	58.04	34.18	2.55	正常	161678.34	7464.66
				关注	138.66	
				次级	4231.54	
2017	48.37	47.67	1.33	正常	197988.17	5984.96
				关注	0	
				次级	2662.79	
2018	52.78	46.21	1.09	正常	232820	6402
				关注	597	
				次级	2106	
				可疑	466	

资料来源：长丰科源村镇银行历年的年度信息披露报告。

第二节　安徽长丰科源村镇银行的市场风险计量分析

由于市场中的汇率、利率或商品价格的变动，导致银行表内与表外业务发生损失的风险是银行的市场风险。从长丰科源村镇银行历年的年报中可以看出，该行的收入来源几乎全来自利息收入，利息净收入占营业收入比例高达99%，村镇银行又不具备经营外汇业务的资质，因此，该行面临的市场风险主要是利率的变动使其表内和表外业务发生损失的可能性。而我国一些大中型商业银行的利息净收入占营业收入比例在70%，且利率市场化后村镇银行利率定价的劣势明显，净息差收窄。主要原因在于村镇银行作为地方县域金融服务的新生力量，承担着县域的中小微企业、涉农企业和本地居民的存贷款业务，且业务类型十分单一，加上银行业面临的大背景“资产荒”与市场风险加剧中的经济L形走向明显。在可预见的未来，受制于牌照限制、区位因素和客户需求决定的因素，村镇银行的发展模式依然是深耕于地方经济发展，收入占比结构不会有较大变化。因此，只要计量村镇银行的利率风险可以视为其市场风险。

在利率市场化的背景下，村镇银行的净利润将在很大程度上关联于利率的波动，预测利率变动引起的收益变化是村镇银行管理层面临的重大决策问题。现阶段研究利率波动对村镇银行的收益与风险的影响、对提高村镇银行应对利率变动频繁的应变能力、增强预测利率风险的模型预警能力和健全风险控制机制具有重要的理论和实践价值。

一、利率风险的种类

商业银行在面临不确定的利率变动时，如果没有及时调节资产与负债结构，可能会带来损失。由于经营业务的独特性，利率风险是商业银行必须面对的主要风险。一方面，这种承担的风险是银行股东产生收益的来源；另一方面，剧烈的利率风险将直接影响商业银行收益和资本结构。这种影响通过两种方式实现：一是利率的波动直接影响净利息收入，进而要求银行主动调整敏感性资产结构；二是利率的波动直接改变现金流折现的现值，进而影响整个银行资产负债表的内在价值。根据产生原因的不同，利率风险包括四类。

1. 再定价风险

由于资产负债固定利率的金融产品与工具到期期限与资产负债浮动利率（重新定价）计价的金融产品的期限不匹配，市场利率波动可能带给银行一些损失，浮动利率资产的非对称性使银行的经济价值或收益随着利率的波动而产生变化。例如，某银行资产业务中的长期固定利率贷款是以短期存款作为资金来源的，在基准利率上升时，银行的短期存款的利息成本增加了，而长期贷款的利息收入却没变，导致银行未来的收益减少。同理，当利率波动时，银行那些期限不匹配的资产和负债折现后的价值变动也是非线性对称的，导致银行未来的收益减少的可能，利率风险增加了。

2. 基差风险

基差风险是指资产负债利率期限相同，由于各自所依据的基准利率不相同，导致存贷款利率变动的幅度不一致，银行的利息收入和利息支付产生不同步变化，从而导致相同期限负债和资产的收益差额发生变化。即由于银行的生息资产利率与付息负债利率变动幅度不一致而引起的风险。例如，某银行收到一笔五年期的存款形成负债，并贷给当地的企业形成五年期贷款，由于经济基本面发生变化，存贷款基准利率可能会按照不同的方向和幅度发生变化，从而对银行的预期收益产生影响。图 6－1 显示的是近 10 年来我国的存贷款利差的变化情况。可以预见，在利率市场化的背景下，基差变动幅度可能增大，商业银行需要对基差风险予以更多的关注。

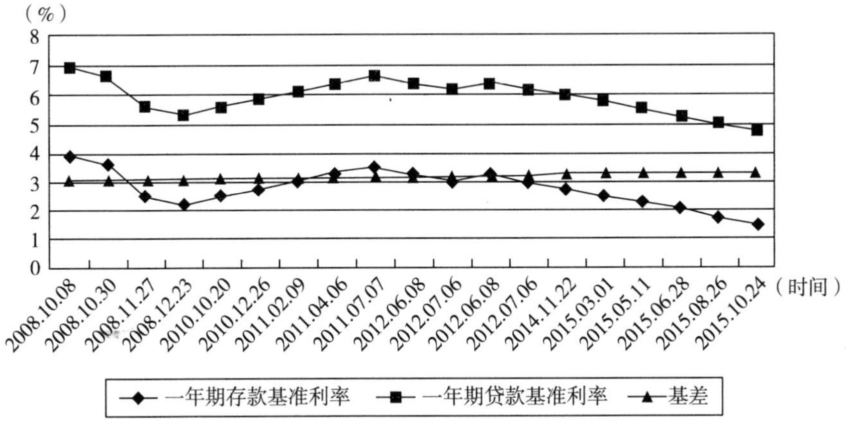

图 6－1　2008～2015 年一年期存贷款利率变动

资料来源：中国人民银行网站。

3. 收益率曲线风险

收益率曲线风险是指收益率曲线的变化导致不同期限的付息资产和生息负债产生的净利差变动的风险。同时，重新定价的不对称性也会进一步扩大收益率曲线波动，对银行收益和内在价值产生了影响。例如，在收益率曲线向下倾斜的情况下，即长期利率低于短期利率，银行以一年期的存款支持五年期的浮动利率贷款，这时银行将会面临期间利息差减少的风险。

4. 期权风险

期权风险是指来源于商业银行在各项业务中所隐含的期权而带来的风险。在一些金融产品中，证券可回售期权以及贷款提前偿还的权利嵌入，使银行客户能在面临利率的不利变动时，转移这部分利率风险至银行，因此，银行要面对现金流时点与预期背离的经营环境，从而影响经济价值。长期贷款的提前偿还是村镇银行面临的主要期权风险。

随着利率风险管理方法的不断改进，银行已通过久期敏感性模型和利率敏感缺口模型，基本实现了对基差风险和再定价风险的衡量。收益率曲线风险的管理则需要依赖于对宏观基本面的预判。期权性风险是客户的主观意愿，具有较强的不可预测性，较难被量化。

作为县域的金融机构，由于村镇银行的主要经营收入来自于存贷的净利差，而目前我国的存贷利率会随着市场变化而产生频繁的波动，因此，度量银行面临的利率风险就需要从静态和动态两种角度考虑。运用 MtF 模型，通过对该村镇银行的资产负债进行利率敏感性缺口处理和压力测试来衡量其面临的利率风险问题。

二、长丰科源村镇银行利率风险的度量

1. 利率风险度量模型的确定

利率敏感性缺口模型研究的是利率波动带来的对利息差的影响，最大的优点在于计算方法简单、模型易操作、所需成本低、所需要的披露数据较少，是当前商业银行衡量利率风险的主要简易工具。银行的风险管理者通过预期市场利率的变动趋势，选用系统中的缺口模型进行测试，主动调节资产负债的敏感性缺口，从而达到减小利率风险的目标。因此，将采用利率敏感性缺口模型对选取的长丰科源村镇银行的利率风险进行实证分析，并在此基础上，进行利率的敏感性检验，当模拟利率波动时，基于静态的资产负债结构净利差收入的变动情况，从而度量出村镇银行面临的利率风险大小，进一步确定管理的应对方案。

2. 模型设定、研究对象及数据选取

（1）模型设定。利率敏感性缺口是指在一定时间内利率敏感性资产和利率敏感性负债的差额。其基本的公式为：

$$G = RSA - RSL \quad (6-1)$$

其中，RSA 表示利率敏感型资产，RSL 表示利率敏感型负债，G 表示利率敏感型缺口。一般的分析是以一年为考虑期限的，是指一年的利率变化带给银行资产的利息收入的影响。当一家银行的敏感性缺口为正值时，收益率曲线平行上移，表示净息差增加，即利息收入的增长大于利息支出的增长；反之，当利率下

行时，利息收入的减少小于利息支出的增长，净息差减少。当缺口为零时，银行实现了利率风险免疫，利率波动对银行的净利差收益无影响（见表6－3）。

表6－3　利率波动、利率敏感性缺口、净利息收入变动关系

利率敏感性缺口（G）	利率敏感系数（r）	利率波动	净利息收入
>0	>1	上升	增加
>0	>1	下降	减少
<0	<1	上升	减少
<0	<1	下降	增加
0	1	上升	不变
0	1	下降	不变

为了分析缺口状态的风险大小还要计算利率敏感系数、敏感比率偏离度和缺口率。利率敏感系数和偏离度是反映利率风险的暴露程度。利率敏感系数就是指在其他条件不变情况下，某些关键量发生变化给银行利差收益带来变动的程度。利率敏感系数是利率变动百分比与因素变动百分比的比值。敏感系数越小，说明此方案的净现值对关键变量的敏感度越低，这种方案的风险越小；反之，则风险越大。利率敏感系数作为衡量风险大小的一种专门技术，具有简单易懂、便于操作的优点。敏感比率偏离度是利率敏感性比率减去1的值，当偏离度距零值较远时，说明利率风险较大；当偏离度在零值上下波动时，不论缺口是正是负，利率风险都较小。缺口率作为一个相对指标，利率敏感性缺口与总资产的比例，反映其所拥有的总资产对风险的承受能力，可以用来和不同银行间做比较。基本的公式为：

$$r = RSA/RSL \qquad (6-2)$$

$$D = r - 1 \qquad (6-3)$$

$$H = G/A \qquad (6-4)$$

其中，r 表示利率敏感性系数，D 表示敏感性缺口偏离度，H 表示缺口率，G 表示利率敏感性缺口，A 表示银行总资产。

（2）数据选取。由于数据的可得性问题，我们选取 2012 ~ 2016 年经过审计的财务报表数据。在运用敏感性缺口分析时，分别将财务报表里拆出资金、存放同业款项、存放中央银行款项、库存现金等计入利率敏感性资产；将其他金融负债、存款、同业及其他金融机构存放款项、中央银行借款等计入利率敏感性负债。

3. 对长丰科源村镇银行敏感性缺口实证分析

利用式（6 – 1）、式（6 – 2）、式（6 – 3）和式（6 – 4）对该村镇银行的年报数据进行数据计算，计算每年村镇银行的敏感性缺口、敏感性偏离度和缺口率，并将结果汇总如表 6 – 4 所示：

表 6 – 4　2012 ~ 2016 年长丰科源村镇银行年末利率风险情况

单位：万元

安徽长丰科源村镇银行 / 年份	利息净收入占营业收入比例（%）	利率敏感性缺口	敏感性比率偏离度（%）	利率敏感性比率	缺口率（%）
2012	99. 88	15774	11. 19	1. 1119	9. 96
2013	99. 89	19800	10. 67	1. 1067	9. 56
2014	99. 86	21453	9. 18	1. 0918	8. 29
2015	99. 73	24169	11. 01	1. 1101	9. 80
2016	99. 67	24594	8. 44	1. 0844	7. 70

资料来源：2012 ~ 2016 年长丰科源村镇银行财务报告。

从表 6 – 4 中得出，该村镇银行 5 年以来利息净收入占营业收入的比例都在 99% 以上，最高达到 99. 89%，最低也是 99. 67%，说明该村镇银行的主要收入来自于净利差，呈现略微下降的趋势，但不明显。该村镇银行成立 5 年以来，总量上利率敏感性缺口都保持为正，如果市场利率下降，净利差收入必然下降，给银行造成一定的损失，后面两年的经营数据也验证了这一结果。该村镇银行 5 年以来，有 3 年敏感性比率偏离度在 10% 以上，最高 11. 19%，最低也有 8.44%，一般商业银行利率敏感性资产偏离度保持在 10% 以下。总的来说，村镇银行的偏离度较为正常，各年度变化幅度较大，说明该银行利率敏感性资产和负债能保持较好的搭配，但一旦市场利率发生波动，其收入依然会受到影响。从缺口率来看，缺口率均能保持在 10% 以下，但波动幅度较大，利率敏感性缺口会对总资产收益有较大的影响。

自 2015 年 10 月至 2017 年底，我国的存贷款基准利率没变，取而代之的是用创新型货币工具来解决加息或降息的技术操作，市场利率走势信号释放不明显。银行管理者可根据中国人民银行 2017 年颁布的货币政策执行报告和上海银行间同业拆放年利率走势来确定该年度市场利率变动情况。中国货币政策执行报告显示 2017 年上半年金融机构贷款利率有小幅上升，下半年利率走势趋向平稳。而对 2018 年以来上海银行间同业拆放利率的年利率走势进行统计（见图 6－2），发现自 2018 年以来，市场利率一直处于波动中下降的趋势。因此，本书认为，虽然利率市场化可能会导致基准利率上升，但不排除利率下行的风险，所以对村镇银行应该进行利率下降时压力测试。

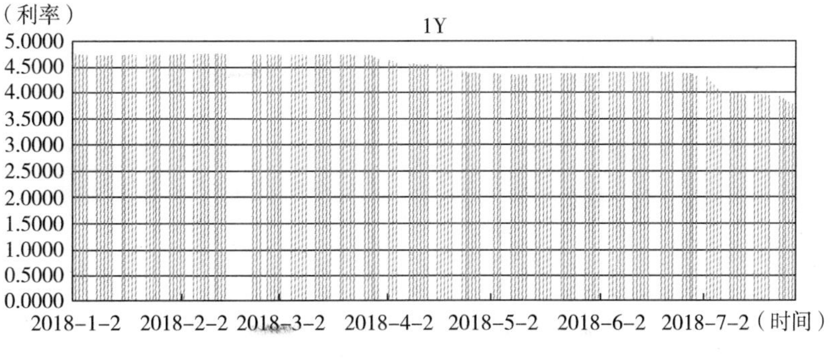

图 6－2　2018 年上海银行间同业拆放年利率

资料来源：中国人民银行网站。

三、对长丰科源村镇银行的敏感性压力测试

1. 压力测试的方法

压力测试是指银行假定面对市场突发利率飙升或本币大幅贬值的不利变动

时，测试出现有的资产组合价值受到的冲击程度。巴塞尔银行监督委员会（2000）给出的定义是指金融机构面临特定事件或特定不利变动时，预测其潜在影响和损失的一套风险管理方法。

MtF 模型的风险管理系统可供压力测试选择的方法有敏感性分析和情景预测两种类型。敏感性分析也被认为是单因子压力测试法，是指在保持其他条件不变的前提下，研究单个（或少数几项）风险因子的变动对银行机构可能产生的影响，并借此衡量银行在面临此类风险时的承受能力。有别于压力测试，情景预测也称为多因子法，则是假设多个风险因子同时发生变动时，即设立一系列风险情景来衡量对金融机构产生的影响。情景的设立不仅可以是基于历史真实情景，也可以是用行业经验和专家的主观来预设。用单因子压力测试法对利率波动引致的村镇银行利率风险进行风险评估，优点是相对简单，操作简便，能大致刻画在不同程度的利率波动情况下村镇银行面临的风险大小。

2. 压力测试的执行

有别于严苛的情景预测分析，在进行敏感性压力测试时，只需对压力测试的风险因子变动情景进行假设。

（1）利率敏感性压力测试的假设。在进行利率敏感性测试时，管理者需要进行基本的假设。

假设 1：用统一的口径与期限来划分，统计安徽长丰科源村镇银行敏感性资产和敏感性负债。

假设 2：资产和负债的利率风险结构为静态，即不考虑外部利率环境和银行内部资产负债结构的持续变化。

假设 3：不考虑利率变动对储户行为的影响。

假设 4：在计算敏感性资产和负债时，要去掉以公允价值计量且其变动计入损益的金融资产和负债，因为这一项受利率波动影响不大。

（2）确定压力测试情景和冲击程度。考虑到我国利率在初步市场化的背景下，结合国际经验，实行利率市场化后的短期内利率都会出现不同程度上升，另外，利率市场化会导致银行竞争激烈，商业银行在发展过程中会趋向于通过高息揽储、低息放贷来提升市场竞争力，存贷款利率会表现越来越大的非对称性，因此，不排除利率进行下调的可能。基于此，必须将压力测试设置为两类来进行：一是基于收益率曲线的平行移动，二是存贷款利率的非同步调整。在进行具体的压力测试时，依据国际普遍通行的惯例，按风险冲击程度的不同，将压力测试分为轻度、中度、重度。在区间设置上，我国商业银行常见的利率风险设置一般为收益率曲线向上或向下平移 25 ~100 个基点，即 0.25% ~1%。国际通行的压力测试上限为 10%。考虑到我国宏观经济基本面向好，基准利率下降空间有限，政府对风险的把控能力较强，利率变动 10% 的可能性极小，因此，本书将轻度压力、中度压力、重度压力水平分别设在了 0.25%、0.5%、1%，低于国际平均水平。特别说明的是，在第二类压力测试情景中，对常规的利率敏感性缺口模型进行了修正，即优化的利率敏感性缺口模型。在现实生活中，商业银行为了争取获得客户，通常对于央行的存贷款基准利率的调整不同步，这样的非对称变动的测试情景更符合实际。设定的情景见表 6 -5 和表 6 -6。

表 6 -5　压力测试情景（1）：收益率曲线的平行移动

压力情景	轻度	中度	重度
年存款利率下降（%）	0.25	0.5	1
年贷款利率下降（%）	0.25	0.5	1

表 6 -6　压力测试情景（2）：存贷款利率的非对称变动

压力情景	轻度	中度	重度
年存款利率下降（%）	0.25	0.5	1
年贷款利率下降（%）	0.5	0.75	1.5

(3) 执行压力测试。市场利率的变动直接引致的是村镇银行的净利息差的变动。根据长丰科源村镇银行 5 年财务报表数据整理出该行的利率敏感性资产和负债，并计算该村镇银行的利率风险缺口，数据情况见表 6－7。

表 6－7　长丰科源村镇银行利率敏感性缺口情况

单位：万元

年份	利率敏感性资产	利率敏感性负债	利率敏感性缺口	净利润
2012	156705	140931	15774	2748
2013	205320	185520	19800	3169
2014	255025	233572	21453	3694
2015	243761	219592	24169	3112
2016	315871	291277	24594	2525

资料来源：根据 2012～2016 年长丰科源村镇银行财务报表数据整理得出。

接下来，对该村镇银行 2012～2016 年底的资产负债表做基于设定好的利率波动情景的敏感性分析，选择前面提到的利率敏感性缺口模型，计算净息差的变动，如式（6－5）、式（6－6）所示：

$$\Delta NI = \Delta R \times G \tag{6-5}$$

$$\Delta NI = Ar \times \Delta R_1 - Lr \times \Delta R_2 \tag{6-6}$$

ΔNI 表示净利息变动额，ΔR 表示存贷款利率同步变动值，G 表示利率敏感性缺口，Ar 表示利率敏感性资产，ΔR_1 表示贷款利率变动值，Lr 表示利率敏感性负债，ΔR_2 表示存款利率变动值。在敏感性分析时，考虑的是一年期内的敏感性资产和负债，因此，首先对短期敏感性缺口进行整理；其次，分别运用式（6－5）、式（6－6）对两种压力测试情景下的净利差变动进行计算，结果如表 6－8、表 6－9、表 6－10 所示。

3. 压力测试的结果分析

对比表 6－8、表 6－9、表 6－10 可知，在利率敏感性缺口模型和优化的利率敏感性缺口模型进行压力测试的情景下，该村镇银行的净利息收入随着利

表 6-8 长丰科源村镇银行利率敏感性缺口压力测试结果

净利息收入变动值 / 年份	情景（1）			情景（2）（非对称变化）		
	轻度（%）	中度（%）	重度（%）	轻度（%）	中度（%）	重度（%）
2012	-39.44	-78.87	-118.31	-431.20	-470.63	-510.07
2013	-49.50	-99.00	-148.50	-562.80	-612.30	-661.80
2014	-53.63	-107.27	-160.90	-691.20	-744.83	-798.46
2015	-60.42	-120.85	-181.27	-669.83	-730.25	-790.67
2016	-61.49	-122.97	-184.46	-851.16	-912.65	-974.13

表 6-9 长丰科源村镇银行利率敏感性缺口压力测试净利息收入变动率

净利息收入变动率 / 年份	情景（1）			情景（2）（非对称变化）		
	轻度（%）	中度（%）	重度（%）	轻度（%）	中度（%）	重度（%）
2012	-0.57	-1.14	-1.71	-6.23	-6.80	-7.37
2013	-0.59	-1.18	-1.77	-6.71	-7.30	-7.89
2014	-0.52	-1.04	-1.56	-6.69	-7.20	-7.72
2015	-0.67	-1.34	-2.01	-7.43	-8.10	-8.77
2016	-0.75	-1.50	-2.24	-10.35	-11.10	-11.84

表 6-10 长丰科源村镇银行利率敏感性缺口压力测试中收入变动额占净利润的比率

占净利润比率 / 年份	情景（1）			情景（2）（非对称变化）		
	轻度（%）	中度（%）	重度（%）	轻度（%）	中度（%）	重度（%）
2012	-1.44	-2.87	-4.31	-15.69	-17.13	-18.56
2013	-1.56	-3.12	-4.69	-17.76	-19.32	-20.88
2014	-1.45	-2.90	-4.36	-18.71	-20.16	-21.62
2015	-1.94	-3.88	-5.82	-21.52	-23.47	-25.41
2016	-2.44	-4.87	-7.31	-33.71	-36.14	-38.58

率下降而下降，收入下降的幅度范围波动较大，且优化的利率敏感性缺口模型的压力测试的变动值显著大于没有优化的模型变动值。在利率下降的情况下，当存贷款利率同步下调时，各个银行的变动幅度都不大，在轻度情况下，该村镇银行变动值最大为 61.49 万元，变动率最大为 -0.75%；在中度情况下，变动值最大为 122.97 万元，变动率最大为 -1.50%；在重度情况下，变动值最大为 184.46 万元，变动率最大为 -2.24%。在三种情况下，对其净利润的影响都较小，影响最小的为 39.44 万元，仅占当年净利润的 1.44%；影响最大的为 184.46 万元，占当年净利润的 7.31%。说明该银行在假定的情景时，能较好地抗击利率下行的风险。

但是在市场利率非同步下降的利率敏感性缺口模型的压力测试情景下，这三种情况净利息收入变动率明显增大，均对其净利润和净利息收入产生较大影响。在轻度情况下，影响最小的为 431.20 万元，变动率是 -6.23%，占其当年净利润的 15.69%；影响最大的为 851.16 万元，变动率是 -10.35%，占其当年净利润的 33.71%。在中度情况下，影响最小的为 470.63 万元，变动率是 -6.80%，占其当年净利润的 17.13%；影响最大的为 912.65 万元，变动率是 -11.10%，占其当年净利润的 36.14%。在重度情况下，影响最小的为 510.07 万元，变动率是 -7.37%，占其当年净利润比为 18.56%；影响最大的为 974.13 万元，变动率是 -11.84%，占其当年净利润的比为 38.58%。

综上可知，该村镇银行在面对利率下行的风险时，能在存贷款利率同步下降时保持良好的抗风险能力，但当存贷款利率不是同步变化时，特别是存贷款基差扩大时，市场利率变动会带来巨大的风险，会严重影响其净利润额。

四、计量结果分析

通过对该村镇银行 2012 ~ 2016 年的资产负债进行利率敏感性缺口模型的实证分析和基于利率波动的压力测试，得出以下四个结论：一是该村镇银行的收入主要来自于净利息，中间业务收入占比低，该村镇银行多样化业务任重道远。二是该村镇银行5年以来都保持了利率敏感性正缺口，资产多于负债，且缺口较大，都希望在利率上升中获利，从而说明该村镇银行关注业务发展是管理的重中之重。三是在利率敏感性缺口模型和优化的利率敏感性缺口模型进行压力测试时，后者变动幅度明显大于前者。在利率下行的情况下，当存贷款利率同步变化时，该村镇银行净利息收入的变动值较大，变动率不大；但当存贷款利率非同步变化时，特别是存贷款基差扩大时，该村镇银行五年来的变动值和变动率均较大，且有扩大趋势，严重影响其净利润，说明该村镇银行面临较大的利率下行风险。因此，管理上必须重视利率下行风险，做好应对预案。四是随着该村镇银行成立年限的延长，该村镇银行在保持利率敏感性缺口和缺口率等方面有明显改善，当进行压力测试时，随着其成立时间的变长，承受压力的能力反而出现下降趋势，说明发展到一定时期，村镇银行的管理者不仅只重视发展速度，而要把重点放在风险控制上，尤其是利率风险，才更有利于持续发展。

因此，我们认为，该行应实行多元化经营战略，首先，充分利用比较优势——决策链条短、没有历史包袱、控股行的科技支撑等，在实现服务地方经济发展的同时，尽力快速扩展中间业务，主动调整业务结构，增加非利差收入，减少利率波动带来的潜在影响；其次，还应利用MtF模型的风险管理系统来建立更科学的利率预测体系，运用利率敏感缺口模型对基差风险和再定价风险进行衡量，凭借管理经验对收益率曲线风险和期权性风险进行预判，为资产负债的结构调整提供依据，引导资产负债结构优化，实现对利率风险及时控制的反应机制；最后，加快对利率风险管理团队建设和利率风险管理方法的革新，只有在技术和方法上实现了突破，利率风险的管理水平才能得到真正提高。

第三节 安徽长丰科源村镇银行的流动性风险计量分析

从安徽长丰科源村镇银行官网的信息得知，该行面临的流动性风险主要来自于三种因素：可变现的资产、贷款的需求量和存款人提现的需求量。为有效管理这些因素导致的流动性风险，该行制定了四项流动性风险管理的制度和措施：管理人员必须根据流动性指标来管理，用流动性缺口分析法去预测未来流动性状况；根据动态监控到影响流动性风险的因素后，及时调整资产和负债结构，确保达到安全的流动性比例；必须制订合理的流动性管理方案，确定合理现金头寸量；要制定处置突发场景下的流动性风险的预案和快速报告机制。这些措施确保了遵守监管当局对资产负债比例、存贷比及备付率管理的一系列流动性管理的规定，确保良好的流动性。

从上可以看出，该行对流动性风险进行量化管理的方法是静态衡量法，目前国际国内通用的衡量流动性风险方法主要有静态衡量法和动态衡量法两种。

静态衡量法是指该银行财务报表中反映流动性资产和负债的科目在特定的计算下，构成相应的比率来衡量流动性风险。监管当局一般规定银行的财务报表要包含流动性比例、贷存比、不良贷款率、超额存款准备金率等流动性风险监管指标。动态衡量法是指银行出于资金运营需要的动态因素考虑，使用“缺口管理”方式的流动性风险识别法来弥补静态指标的局限，监管当局也规定了动态衡量的流动性覆盖率、净稳定融资比率等监管指标。

一、用静态衡量法计量安徽长丰科源村镇银行的流动性风险

1. 存贷比分析

该静态衡量指标反映银行资产与负债的流动性特点，贷款占存款的比例越

高，表明其流动性越差，用公式表示为：存贷比 = 贷款/存款 ×100%。2015 年以前，存贷比不得超过 75% 是法定监管指标，自 2015 年 10 月 1 日起按照新修改的《中华人民共和国商业银行法》将存贷比法定监管指标硬性规定删除，转为流动性参考指标。目前我国银监会将存贷比的流动性监测参考指标值仍然设为 75%，虽然超过 75% 不会受到监管的处罚，但也说明该行的流动性较差，面临流动性风险的概率增大。存贷比作为静态监测指标，并未考虑银行未来的压力情景冲击，情况反映较为滞后。村镇银行为了快速发展业务站稳市场，存贷比相对较低，为了比较长丰科源村镇银行的存贷比情况，收集了同省的青阳九华、肥西石银两家村镇银行作为比较，如图 6 – 3 所示。

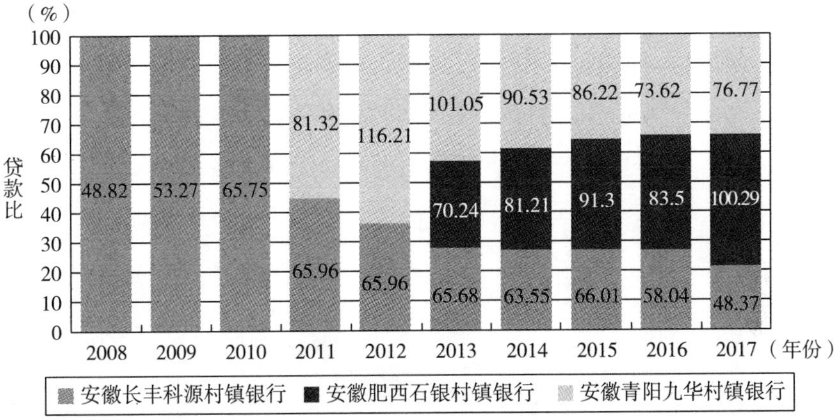

图 6 – 3　三家村镇银行的存贷比比较分析

从 2008 ~2017 年安徽长丰科源村镇银行的存贷比数据来看，该比率在 2008 年为 48.82%，从 2010 年开始突破 60%，连续 6 年保持在 60% 以上，到 2016 年才下降到 60% 以下，虽然比 75% 的参考指标低，但符合村镇银行刚开始立足市场，监管部门对其要求是逐步达到要求，较为宽松的实际情况。与同省的青阳九华、肥西石银两家村镇银行相比，长丰科源村镇银行的存贷比稍低，但显示每年控制得较好，比较平稳，也说明该行发展业务的步子可以迈得更快，管理上急进些。

2. 流动性比例分析

流动性比例 = 流动资产余额/流动负债余额 ×100%，该比例越低，表明银行的流动性风险越大，相反则流动性风险越小。我国 2014 年 1 月 1 日的《商业银行流动性管理办法》规定的监管标准值是不低于 25%。从 2008 ~2017 年的数据来看，尽管安徽长丰科源村镇银行的流动性指标符合监管要求，但流动性比例波动起伏大、不稳定，极需引起关注。从形状看，2008 ~2010 年，流动性比例从 140.73% 直线下降到 69.77%，之后又迅速上升到 110.70%，接着的三年基本稳定在 60% 左右，但到 2014 年又迅速上升到 109.22%，之后的三年迅速下降，最低只有 34.18%，最低与最高相差 4 倍多，比例变化太大，不够稳定，说明该村镇银行在流动性风险管理上存在某些不足。与同省的青阳九华、肥西石银两家村镇银行相比，长丰科源村镇银行的流动性比例欠稳健，在管理上还要重视流动性问题（见图 6 -4）。

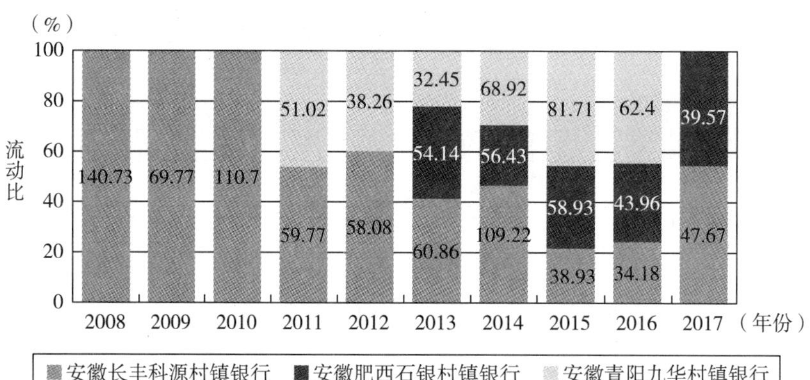

图 6 -4　三家村镇银行流动比较分析

3. 不良贷款率分析

不良贷款率 = 不良贷款/贷款总额 ×100%，不良贷款率的高低是反映商业银行面临的流动性风险及资产质量的重要指标，如果银行资产中存在大量被不良贷款所占用的流动性资金，对于小型的村镇银行来说，直接反映了其实际周转资金的减少，会大大降低银行资金的使用效率。2008 年成立的安徽长丰科源村镇银行，业务刚开始的前三年不良贷款率为零，但到第四个年头不良贷款率为 0.65%，之后各年度基本是逐步上升的势头，到 2015 年末不良贷款达到 4696.78 万元，不良贷款率也达到 3.25%，较 2011 年底增长了 400%，而各项贷款只增加了 118%。尽管不良贷款率在监管部门设定标准 5% 内，但与同省的青阳九华、肥西石银两家村镇银行相比，长丰科源村镇银行的不良率上升的势头必须引起重视，值得庆幸的是，到 2017 年该行不良率控制得非常好，较 2016 年有大幅度的下降（见图 6－5）。

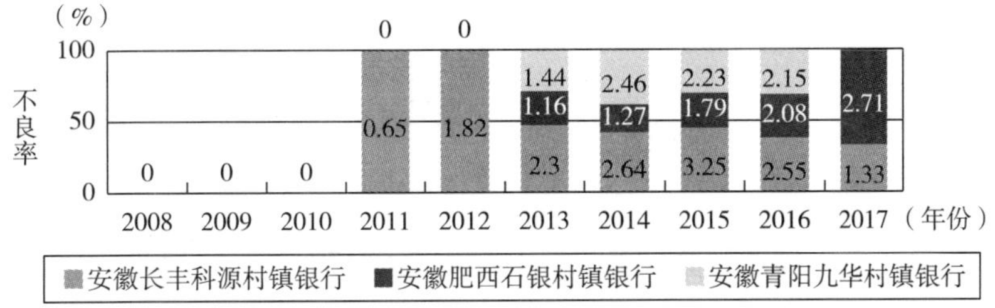

图 6－5 三家村镇银行不良率对比

4. 超额存款准备金率分析

超额存款准备金率即超额存款准备金与存款总额之比，该比率越低，代表银行流动性越差，面临的风险越大，反之说明银行的支付能力越强，面临的风险越小。超额存款准备金与银行的库存现金构成了银行的备付金，不仅是商业银行资金流动性较高的资产，也是衡量银行流动性高低的重要标志。通常可用银行的备付金率来观察该银行的流动性风险。从图 6－6 可以看出，安徽长丰科源村镇银行的备付金率呈现先升后降的趋势，备付金在 2014 年达到最高值 9333.91 万元，2015～2017 年直线下降，相应的，备付金率分别在相应的同时期最高达到 6.64%，最低为 0.06%。近几年备付金率波动较大，与同省的青阳九华、肥西石银两家村镇银行相比，这两家备付金率一般保持在 3% ~5% 区间（见图 6 -6），可见，安徽长丰科源村镇银行的流动性资产比例不够稳定，有时可直接用于支付的现金类资产相对较少。

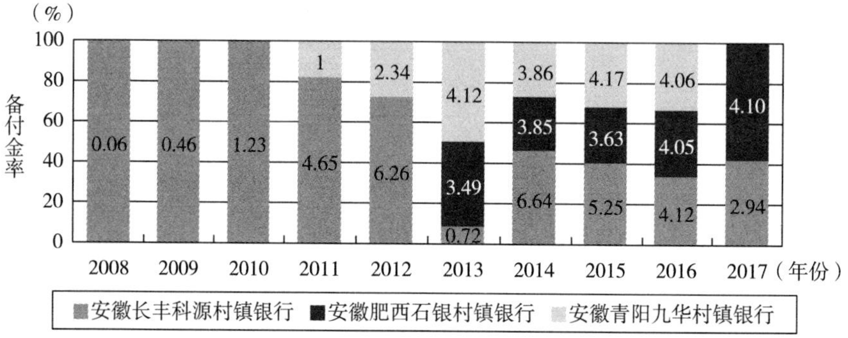

图 6 -6　三家村镇银行备付金对比

二、用动态衡量法计量安徽长丰科源村镇银行的流动性风险

动态衡量法基于动态因素考虑，假设了未来面临不同流动性压力的情景，一般银行要借助信息系统才方便对经营的动态管理。运用 MtF 模型对未来风险事件的情景模拟来估算资产的风险价值，能够更为动态和前瞻地反映该行短期及中长期流动性风险情况。特别对于村镇银行这类金融机构没有和财政资金有关存款来源、资金来源稳定性下降、对同业融资依赖度升高、资产流动性降低的小型商业银行，这类银行所在的县域贷款需求大、为了生存"短融长投"业务扩张较快等问题，必须从动态角度加强流动性风险管理。尽管我国银行监管要求商业银行的流动性覆盖率、净稳定资金比例动态指标已于 2018 年 3 月 1 日起生效仅只适用于资产规模不小于 2000 亿元的商业银行，而安徽长丰科源村镇银行到 2018 年底资产规模不到 50 亿元，但加强动态流动性风险管理已是大势所趋，也是自身发展的必然要求。

1. 流动性覆盖率分析

流动性覆盖率（Liquidity Coverage Ratio，LCR）是一个短期流动性风险指标，侧重于未来现金流分析，在假设的压力情景下，分析银行未来一个月的现金流量，也被称为短期的动态观测流动性风险的指标，该指标不能低于100%。流动性覆盖率达到100%以上说明商业银行具有充足的合格优质流动性资产，当出现特定的情景需要现金头寸，这些流动性资产通过变现能够满足未来一个月的现金头寸需求。

该指标的计算公式为：

流动性覆盖率＝合格优质流动性资产/未来30天现金净流出量

该公式分子的计算是指银行在设定的压力情景下，能够通过出售或抵（质）押方式获得所需要的流动性资金，诚然获得的资金头寸一定是受损失极小或者无受损，且拥有能通过现有的金融市场迅速变现的资产。这些能迅速变现的有关资产需按一定折扣系数计入优质流动性资产的价值，折扣系数见表6－11：

表6－11 合格优质流动性资产的构成与折扣系数

	资产项目	折扣系数（%）
一级资产		100
二级资产	2A资产	85
	2B资产	50

一级资产主要由银行的超额存款准备金、国债、中央银行票据、政策性金融债、库存现金以及退回的法定存款准备金等组成。二级资产中的2A资产是指持有企业债的信用等级在AA^-以上，且该类债券在过去的严重流动性压力期间，一个月内价格下跌不超过10%或在回购交易中折扣率上升不超过10%。二级资产中的2B资产是指持有企业债的信用等级在BBB^-至A^+之间，且该类债券在过去的严重流动性压力期间，一个月内价格下跌不超过20%或在回购交易中折扣率上升不超过20%。

该公式分母的计算是指在银行设定的压力情景下，未来一个月的预期现金流出总量与预期现金流入总量之间的差额。准确地计量预期现金流出总量与预期现金流入总量非常重要，计量预期现金流出总量等于相关负债及表外项目余额与其预计流失率的乘积之和，通常银行的负债项目越稳定，预计流失率越低，各项负债的预估流失率一般的经验见表 6－12。预期现金流入总量等于表内外相关合约应收款项与其折算率的乘积之和，合约应收款项的折算率如表 6－13 所示。

表 6－12　负债项目及其预计流失率提取

	负债项目	预计损失率（%）
零售业务的活期存款与剩余期限在 30 日内的定期存款	满足有效存款保险计划附加标准的稳定存款	3
	其他稳定存款	5
	欠稳定存款	10
小企业客户的活期存款和剩余期限在 30 天内的定期存款	满足有效存款保险计划附加标准的稳定存款	3
	其他稳定存款	5
	欠稳定存款	10
业务关系存款	满足有效存款保险计划附加标准的部分	3
	由存款保险计划或提供同等保护的公开保证所覆盖的部分	5
	其他部分	25
由非金融机构、主权实体、中央银行、多边开发银行和公共部门实体提供的非业务关系存款	全额被有效存款保险计划或提供同等保护的公开保证覆盖的部分	20
	其他部分	40

表 6－13　应收款项及其折算率

	应收款项	折算率（%）
完全正常履约且 30 天内到期的所有付款	来自零售和小企业客户、非金融机构、主权实体、多边开发银行和公共部门实体的现金流入	50
	来自金融机构和中央银行的现金流入	100
30 天内到期的、未纳入合格优质流动性资产的证券产生的现金收入		100
存放在其他金融机构的业务关系存款		0

在对银行资产变现折扣和负债提取率时要注意的事项是，反映预测时点的负债提取率、应收款项的流入率和资产变现折扣，可能与将来一段时间市场条件变化导致银行表内外资产负债的流动性有出入。因为资产变现折扣和负债提取率在不同市场条件下是不同的，还受市场参与者情绪影响。当银行这类资产方参与者都急需流动性头寸、在相近时点上都有变现需求时，他们就会产生减价抛售资产的情况，带来一定的负外部性，导致变现折扣上升；对于负债方来说，当提取率高到一定程度时，会引起不需要提取的债权人的恐慌心理，也选择加入提取行列，从而对银行形成流动性冲击甚至引发挤兑。

运用 MtF 模型动态管理长丰科源村镇银行的流动性风险时，遵循三步，首先，定义流动性缺口；其次，定义流动性危机时点；最后，计算流动性危机概率。

（1）流动性缺口分析。流动性缺口 = 一定时间预期的资金使用 - 资金来源，如果是正值表明其流动性不足，如果是负值表明其流动性有富余。由于安徽长丰科源村镇银行业务种类较为简单，主要在存贷款业务、信用拆借业务、票据贴现等几个方面的范围，因此，只要将未来一定时间预期的资金使用情况加总就能计量动态的流动性缺口率。

根据安徽长丰科源村镇银行经营情况，假如 2019 年 3 月 1 日时该行的资产与负债项目按照不同科目、不同期限预期现金流出总量（使用资金）与预期现金流入总量（资金来源）进行统计得到表 6 - 14 的数值，那么预测其流动性缺口系统就有相应的报表生成：

在表 6 - 14 中所示的各期限段中，以一周期限段为例，假定统计日期为 2019 年 3 月 1 日，次日指的是 2019 年 3 月 2 日，那么一周期限段指 2019 年 3 月 3 日至 8 日，这一期限段的资产合计为 3 亿元，表示该周内有 3 亿元的资产到期，在正常情况下将有 3 亿元的现金流入；同样这一期限段的负债合计为 1.84 亿元，表示该周内有 1.84 亿元的负债到期，必须支付 1.84 亿元的现金；该期限段的缺口等于同期限段的资产合计减去负债合计得到 1.16 亿元；累计期限缺口就是本期限段的期限缺口 1. 16 亿元加上期更短期限段的累计期限缺口 1. 12 亿元得到 2. 28 亿元，以此类推。这里流入大于流出为正值，因此，该缺口正值表示流动性富余，负值表示流动性不足。根据估算，尽管安徽长丰科源村镇银行的短期流动性不存在问题，但中长期流动性有一定风险。

表 6 – 14　2019 年 3 月 1 日安徽长丰科源村镇银行流动性缺口估算

统计日期	2019/1/3	2019/1/3	2019/1/3	2019/1/3
单位：亿元	资产合计	负债合计	期限缺口	累计期限缺口
科目余额	50. 00	46. 00	4. 00	4. 00
次日	2. 50	1. 38	1. 12	1. 12
一周	3. 00	1. 84	1. 16	2. 28
一月	4. 50	2. 76	1. 74	4. 02
三月	2. 50	7. 36	– 4. 86	– 0. 84
一年	10. 00	16. 10	– 6. 1	– 6. 94
一年以上	22. 50	16. 56	5. 94	– 1. 00
未定期限	4. 00	0	4. 00	3. 00
逾期	1. 00	0	1. 00	4. 00

在实际运用 MtF 模型应用预测流动性缺口，类似于“流动性汇总表”，在计算“总现金来源”“总现金使用”“净流动性”“累计流动性”额度时有很多的处理方式，尤其是银行对于客户的信用额度与动用的资产出售比例的处理方式更为多样化。村镇银行为了获得更高的投资收益，必须预测资金供需情况，也就是说，村镇银行的资金业务要保持足够流动性以满足其非资金业务的资金需求。这样村镇银行的贷款类非资金业务流动性供需情况就成为了其资金业务的运营约束条件。为此，MtF 模型的信息管理系统中编制了非资金业务的缺口表，见表 6 – 15。

表 6－15　2019 年 3 月 1 日安徽长丰科源村镇银行存贷业务缺口估算表

统计日期	2019/1/3	2019/1/3	2019/1/3	2019/1/3
单位：亿元	各项贷款	各项存款	期限缺口	累计期限缺口
科目余额	30.00	42.00	－12.00	－12.00
次日	0.30	2.10	－1.80	－1.80
一周	0.88	5.25	－4.37	－6.17
一月	0.99	6.30	－5.31	－11.48
三月	1.88	3.89	－2.01	－13.49
一年	7.5	11.81	－4.3	－17.80
一年以上	18	12.65	5.35	－12.45
未定期限	0	0	0.00	－12.45
逾期	0.45	0	0.45	－12.00

如果一周内有贷款还款会带来流动性供给，就可以对于各项贷款 7 日内两个期限段的余额进行加总，根据表中数据现金流入为 1.88 亿元，同理各项存款带来的现金流出为 7.35 亿元，流动性缺口累计为－4.37 亿元，说明存贷业务有 4.37 亿元的流动性资金需求。

（2）考虑流动性危机时点。上面的流动性缺口预测的期限时点代表了长丰科源村镇银行现金流的发生时点，而在现实情况中，某时点的缺口表数值会出现偏差，因此，要经过调整处理才能使预测更精确。

当合约出现违约与会计科目转换时，资产负债到期并不发生现金流，例如，贷款展期、自动转存、用活期存款偿付贷款等，见表 6－16。

表 6－16　到期不发生现金流情形

账户	事项	情形	现金流的影响
各项贷款	贷款展期	贷款到期不被偿付而自动展期	流入减少，贷款总余额扣减
	新增不良	贷款到期未能偿付形成不良	流入减少，贷款总余额不按期扣减
活期存款	偿付贷款	贷款到期与活期存款相抵	流入减少，活期存款与贷款余额同时减少，两相冲抵
定期存款	自动转存	定期存款到期后自动转存下一期存款	流出减少，存款总额不扣减

当资产负债产生现金流、但发生时点与期限时点不重合时，如表 6 – 17 所示。

表 6 – 17　现金流发生时点与期限时点不重合情形

账户	事项	情形	现金流发生时点	期限时点
各项贷款	提前偿还	未到期贷款被申请提前偿还	流入增加，贷款余额扣减	流入减少，贷款余额已先行扣减
	提前划款	贷款人在贷款到期之前已划入偿还资金	流入增加，但贷款余额不变，变动体现在活期存款增加	流入减少，贷款与活期两相冲抵
	不良偿还	已划入不良贷款的部分被偿还	流入增加，贷款余额扣减	贷款合同到期日早于缺口表统计日期
定期存款	提前支取	未到期定期出现提前支取	流出增加，存款余额扣减	流出减少，存款已先行扣减

考虑以上两种情形，以提前还贷划款为例，结合如表 6 – 15 所示的缺口表，来说明对缺口表进行的调整处理。表 6 – 15 的各项贷款一周的余额为 0.88 亿元，对应的时间是指 2019 年 3 月 3 ~ 8 日，如果其中 0.3 亿元本应是 3 月 3 日才到期的贷款，但客户 3 月 1 日提前将钱还至活期存款账户了，为正确体现这笔活期存款冲抵了相应的贷款，需要把全额资金归入 3 日至 8 日的期限段内，这就不同于其他活期存款的处理方式，必须新设一种活期科目用于偿还贷款，把其中的每笔活期存款归入对应的贷款期限内，我们称为“细化沉淀率法”。该方法实际就是把活期存款账户细化，把偿还贷款的活期存款归入其对应的贷款期限内，进一步增进了缺口预测的精度。可以用一个表格清晰地展示经调整后的缺口情况，表 6 – 18 展示了流动性危机时点的精确预测的缺口与未经调整的缺口数据的对比：

流动性危机时点为流动性缺口第一次大于 0 的时刻，它是一个随机变量，属于概率论上的停时。

表 6-18　2019 年 1 月 3 日期限缺口对比表

单位：亿元

	存贷期限缺口	存贷期限缺口调整
科目余额	-12.00	-12.00
次日	-1.80	-1.79
一周	-4.37	-4.54
一月	-5.31	-5.29
三月	-2.01	-1.99
一年	-4.3	-4.25
一年以上	5.35	5.49
未定期限	0.00	0.00
逾期	0.45	0.45

（3）计算流动性危机概率。假如长丰科源村镇银行变现的资金无法满足其客户提现要求时，就是通常说的流动性危机，这种概率的大小通常受其自身的资产负债表以及当时的金融市场外在的影响，具有客观和主观双重特征。流动性危机概率与其资产负债表中各项目之间的函数关系，可用 L_2，L，L_n，D，C）表示，违约概率（Probability of Default），P_1DP_t 是指在 t 时间段内发生危机的概率，目前的流动性覆盖率监管指标中的 t 时间是 30 天，L_1，L_2，L，L_n 是指长丰科源村镇银行 n 类资产的金额，C 与 D 分别是该行的负债，其中，C 表示资本固定金额，D 表示存款金额，流动性危机概率与其流动性缺口正相关。外在影响危机产生的可能性取决于银行与同业、贷款客户的相互关联性，但流动性危机发生的概率主要还是由自身管理行为决定的，主观特征更为明显。在客观方面，处于经济衰退期的流动性风险的外在影响更大。村镇银行为了生存发展将利润最大化，也是其生存之道，管理者通常会最大化利用其可支配资产追求最大利润，致使短期流动性紧张出现的概率增加。

2. 净稳定资金比例分析

净稳定资金比例（Net Stable Funding Ratio，NSFR）是一个中长期流动性风险指标，侧重于资产负债结构分析，在假设的压力情景下，分析银行能够提供的长期稳定资金和应当需要的长期稳定资金。该指标的经验值为不低于100%，净稳定资金比例高于100%表示能确保商业银行具有长期充足的稳定资金来源，可以满足各类资产和表外风险敞口对稳定资金的需求。该指标的计算公式为：

净稳定资金比例 NSFR = 可用的稳定资金 ASF/所需的稳定资金 RSF

式中的分子可用的稳定资金是指能确保在 1 年内都可作为稳定资金来源的负债方项目。银行的经营经验显示每类负债方项目适用不同的可用稳定系数，且该项目越稳定或到期时间越长，ASF 系数也就越高。式中的分母所需的稳定资金是指商业银行各类资产项目的账面价值以及表外风险敞口与其对应的所需稳定资金系数的乘积之和，该指标值取决于银行所持各类资产以及表外风险暴露的流动性特征、剩余期限。所需的稳定资金系数表示各资产方的项目需要由稳定资金来源支持的价值比重。通常资产方的项目风险越高或期限越长，所需的稳定资金系数越大。国际上通用的代表性负债方的项目可用的稳定资金系数以及资产方项目的所需稳定资金系数见表 6－19。

表 6－19　资产方项目的 RSF 系数以及负债方项目的 ASF 系数

资产方项目	RSF 系数（%）
现金	0
存款准备金	0
一级资产	5
2A 资产	15
2B 资产	65
剩余期限在 1 年以上且信用风险权重低于 35% 的住房抵押贷款 在至少未来 1 年有变现障碍的资产	100

续表

负债方项目		ASF 系数（%）
资本		100
剩余期限在 1 年以上的优先股		100
剩余期限在 1 年以上的负债		100
零售和小企业客户的活期存款和 1 年内到期的定期存款	稳定部分	95
	欠稳定部分	90

由于净稳定资金比例监管指标是在次贷危机发生后、流动性风险引起国际银行业的高度关注后，巴塞尔委员会于 2010 年提出的监管指标之一，2014 年才完成对净稳定资金比例中“稳定资金”的业务构成与其权重系数的修订，我国从 2018 年 7 月 1 日起对资产规模达到 2000 亿元的商业银行开始执行这一流动性监管指标，目前在世界各国的引入均处在过渡阶段，我国银行保险监督管理委员会规定的净稳定资金比例计量标准如表 6 – 20 所示，该表非常详细和具有可操作性。

表 6 – 20　净稳定资金比例项目

资本与负债项目	可用稳定资金系数（%）
（1）监管资本（含监管资本扣除项，但不包括剩余期限小于 1 年的二级资本工具）； （2）有效剩余期限在 1 年及以上的其他资本工具，但不包括若行权将会使预期剩余期限降到 1 年以下的带有明确或嵌入期权的资本工具； （3）有效剩余期限在 1 年及以上的所有有担保和无担保借款和负债，包括定期存款，但不包括最终剩余期限 1 年以上的负债产生的 1 年以内的现金流	100
来自零售和小企业客户的稳定存款，包括无确定到期日（活期）存款和剩余期限小于 1 年的定期存款	95
来自零售和小企业客户的欠稳定存款，包括无确定到期日（活期）存款和剩余期限小于 1 年的定期存款	90

续表

资本与负债项目	可用稳定资金系数（%）
(1) 非金融企业客户提供的剩余期限小于 1 年的（有担保和无担保）融资； (2) 业务关系存款； (3) 主权、公共部门实体以及多边和国家开发银行提供的剩余期限小于 1 年的融资； (4) 以上所列之外的剩余期限在 6 个月到 1 年的其他有担保和无担保融资（包括中央银行和金融机构提供的剩余期限在 6 个月到 1 年的融资）	50
(1) 以上所列之外的其他负债和权益，包括中央银行和金融机构提供的剩余期限在 6 个月以内的融资； (2) 无明确到期日的负债，包括空头和无到期日的头寸，但递延税负债和少数股东权益例外； (3) 净稳定资金比例衍生产品负债大于净稳定资金比例衍生产品资产时，净稳定资金比例衍生产品负债与净稳定资金比例衍生产品资产的差额； (4) 由购买金融工具、外汇和大宗商品产生的“交易日”应付款	0
表内资产	所需稳定资金系数（%）
(1) 现金； (2) 存放于中央银行的准备金（包括法定准备金和超额准备金）； (3) 剩余期限小于 6 个月的对中央银行的债权； (4) 由出售金融工具、外汇和大宗商品产生的“交易日”应收款	0
无变现障碍的其他一级资产，不包括已纳入 0% 所需稳定资金系数类别的资产	5
向金融机构发放的剩余期限小于 6 个月的无变现障碍贷款（由一级资产担保并且银行能在贷款期限内将担保物自由地再抵（质）押）	10
(1) 向金融机构发放的其他剩余期限小于 6 个月的其他无变现障碍贷款，不包括已纳入 10% 所需稳定资金系数类别的贷款； (2) 无变现障碍的 2A 资产	15
(1) 无变现障碍的 2B 资产； (2) 存在变现障碍的时间在 6 个月到 1 年之间的合格优质流动性资产； (3) 向金融机构和中央银行发放的剩余期限为 6 个月到 1 年的贷款； (4) 存放在其他金融机构的业务关系存款（且接收存款方对该业务关系存款适用 50% 的可用稳定资金系数）； (5) 其他剩余期限小于 1 年的非合格优质流动性资产，包括向非金融机构客户、零售和小企业客户、主权、公共部门实体、多边和国家开发银行发放的贷款	50

续表

表内资产	所需稳定资金系数（%）
（1）剩余期限在1年及以上、在信用风险标准法下风险权重不高于35%的无变现障碍住房抵押贷款； （2）剩余期限在1年及以上、在信用风险标准法下风险权重不高于35%的其他无变现障碍贷款，但不包括向金融机构发放的贷款	65
（1）作为衍生产品交易初始保证金的现金、证券或其他资产，以及向中央交易对手违约基金提供的现金或其他资产； （2）剩余期限1年及以上、信用风险标准法下风险权重超过35%的无变现障碍的未逾期或逾期未超过90天的贷款，但不包括向金融机构发放的贷款； （3）不符合合格优质流动性资产标准、剩余期限1年及以上的未违约的无变现障碍证券和在交易所交易的权益类证券； （4）实物交易的大宗商品（包括黄金）	85
（1）存在变现障碍的期限在1年及以上的全部资产； （2）净稳定资金比例衍生产品资产大于净稳定资金比例衍生产品负债时，净稳定资金比例衍生产品资产与净稳定资金比例衍生产品负债的差额； （3）以上所列之外的所有其他资产，包括逾期超过90天的贷款、向金融机构发放的剩余期限1年及以上的贷款、非交易所交易的权益类证券、固定资产、监管资本扣除项、留存利息、保险资产、子公司权益和违约证券等	100
衍生产品附加要求	由银行业监督管理机构视情形确定
表外风险敞口	所需稳定资金系数
向客户提供的不可撤销或可以有条件撤销的信用便利和流动性便利	当前未提取部分的5%
或有融资义务 （1）无条件可撤销的信用便利和流动性便利； （2）贸易融资工具（包括担保和信用证）； （3）与贸易融资工具无关的担保和信用证； （4）非契约性义务，如： 1）银行面临的对自身债务或相关管道工具、证券投资载体和其他类似融资便利的潜在债务回购要求 2）客户预期随时可在市场上交易的结构化产品，如可调整利率的票据和可变利率活期票据 3）以保持价值稳定为目标的管理基金	由银行业监督管理机构视情形确定
其他表外业务	由银行业监督管理机构视情形确定

运用 MtF 模型的信息系统测算长丰科源村镇银行的净稳定资金比例时，可选用融资缺口分析法，该方法的思想类似于流动性缺口分析法，不同之处是分析的角度不一样，流动性缺口分析法是从流动性的资金缺口来分析的，而融资缺口分析法是从融资角度进行资金缺口分析的。预测融资缺口的计量公式可表示为：

融资缺口 = 预测的资金总需要量 - 预测的稳定资金来源

银行的融资缺口体现为其总的融资需要量与稳定的资金来源之间的差额，也就是说，银行必须对未来筹集的用于新资产融资或者对负债进行再融资的新资金能否有确定的来源或估计还差多少进行计量。根据自身资产情况进行盘算的具体内容见表 6 - 21：

表 6 - 21　银行的融资缺口

融资需要总量	稳定的资金来源
对总资产的融资额	股本
尚未使用的授信额度	长期负债
扣除：流动性资产	稳定的短期负债
扣除：短期、可自由处置的资产	尚未使用的融资能力

MtF 模型的信息系统里选用融资缺口衡量长丰科源村镇银行的长期流动性风险，目的是引导该行加强资产负债表的管理，倡导选用稳定和持久的融资渠道，避免在市场流动性充裕时过度依赖批发性融资的短期渠道，通过结构调整减少短期融资的期限错配，从而优化其融资能力，更好地帮助评估表内外资产的流动性。

长丰科源村镇银行净稳定资金比例指标的测算可以通过公开渠道获得。参照我国银保监会规定的净稳定资金比例计量标准的表 6 - 20 的基础上，并借鉴臧育辰等（2018）学者对于可用稳定资金和所需稳定资金的假设方法，对折算系数进行合理假设计算。

净稳定资金比例分子的计算是该行的各类负债和权益项目的账面价值与其对应的可用稳定资金系数的乘积并加总得到。可用稳定资金系数的设定体现了银行负债的稳定性。一方面，体现了融资期限的差异，净稳定资金比例指标假定长期负债比短期负债更加稳定；另一方面，体现了融资类型的差异，零售小企业存款比相同期限的批发融资更为稳定。系统设定了五种系数类别：可用稳定资金系数为100%的项目包括长期资金、退休金及其他储备、股本项目；零售小企业存款的稳定存款系数为95%；零售和小企业客户的欠稳定存款系数为90%；可用稳定资金系数为50%的项目包括银行同业存款和批发融资；可用稳定资金系数为0的项目包括其他有息负债、衍生品和贸易负债。

净稳定资金比例分母的计算是该行各类资产项目的账面价值及表外风险敞口与其对应的权重系数的乘积加总得到。所需的稳定资金系数的设定考虑了银行资产项目与表外相关项目流动性风险暴露的特征。一是考虑银行需要对一部分到期贷款进行展期以维护客户关系的行为特征，二是考虑银行资产的期限特征，如到期无须展期的现金类短期资产所需要的稳定资金很少，系数就设定为0。系统设定八种系数类别，其中，大中企业贷款及其他贷款、法定存款准备金、贷款损失准备、衍生金融资产及其他非盈利资产的稳定资金系数为100%；其余零售贷款的稳定资金系数为85%；个人住房贷款和其他抵押贷款的稳定资金系数为65%；除国债以外的机构债券类资产的稳定资金系数为50%；无变现障碍的2A资产和向金融机构发放的其他剩余期限小于6个月的其他无变现障碍贷款的稳定资金系数为15%；向金融机构发放的剩余期限小于6个月的由一级资产担保并且银行能在贷款期限内将担保物自由地再抵（质）押的无变现障碍贷款的稳定资金系数为10%；国债资产的稳定资金系数为5%；银行同业存款与现金及现金等价物的稳定资金系数为0。表外资产所需稳定资金系数与国债系数相同为5%。

根据净稳定资金比例的相关测算，结合长丰科源村镇银行资产和负债业务类型，细分测算净稳定资金比例的分子可用稳定资金和分母所需稳定资金项目并赋予相应的权重系数，根据 2008～2017 年长丰科源村镇银行披露的年报，估算得到该行 2008～2017 年净稳定资金比例的情况如表 6－22 所示。

表 6－22　长丰科源村镇银行 2008～2017 年的净稳定资金比例

单位：%

年份	2008	2009	2010	2011	2012	2013	2014	2015	2016	2017
净稳定资金比例	130.26	117.70	107.20	98.90	105.80	104.20	103.32	99.60	100.2	102.30

从表 6－22 中可以看出，长丰科源村镇银行的净稳定资金比例经历了从开业后逐步下降，有两年没有达到 100% 的经验值，但庆幸的是自 2015 年后该指标值逐步回稳，因为 2015 年该行进入了调结构、提质量的发展期，加上这一年已正式实行存款保险制度，为了稳健经营，经营策略由前期的快速扩张生存期转为注重风险控制发展期，促使净稳定资金比例提升来确保流动性稳健，但与其他类型的商业银行的 NSFR 水平相比，它的长期流动性风险更应该重视。

第四节　安徽长丰科源村镇银行的信用风险计量分析

从安徽长丰科源村镇银行的官网信息可以得知，信用风险是该行信贷管理面临的主要风险。针对贷款业务的信用风险，该行主要采用了五个方面的控制措施：一是加强宏观经济形势和监管政策的分析与研究，及时调整信贷政策，加强贷款投向管理，审慎发放新增贷款，严禁准入融资规模与实体经营不相匹配和产能过剩的贷款，提升源头风控能力；二是完善授信管理机制，规范业务流程，对授信客户实行集中管理；三是加大信贷结构调整力度，从行业、客户、担保、产品等多维度调整和优化信贷结构，防范集中度风险；四是建立风险预警机制，强化风险排查力度，严格落实贷款“三查”制度，动态监测贷款质量变动情况，加强对抵押物现状检查，以便发现潜在的风险及时采取缓释补救措施化解信贷风险；五是完善信贷退出机制，对行业发展前景不明的客户，如果其经营盈利情况不符合预期或出现还款能力连续下降的趋势，应该压缩其贷款额度，逐步将此类客户退出信贷计划，达到控制信贷风险的目的。

从安徽长丰科源村镇银行历年的不良率可以看出（见图6－7），当初为了生存，在管理上注重资产扩张，不良贷款率逐年上升，信用风险暴露激增，2015年在战略上进入了调结构、提质量的发展期，经营稳健，不良率控制较好。

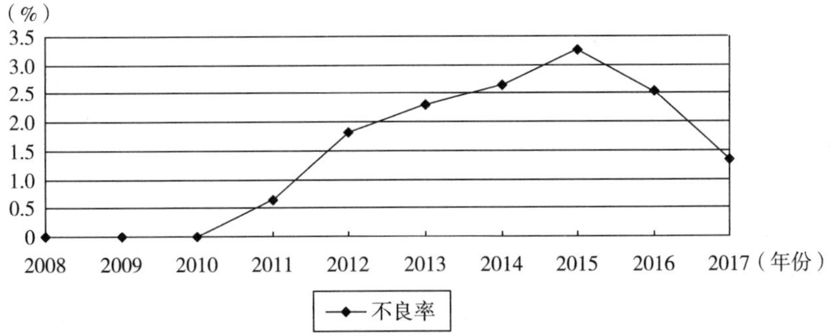

图6－7　2008～2017年安徽长丰科源村镇银行不良率折线图

从安徽长丰科源村镇银行的信贷结构（见表6－23）可以看出，该行的信用风险前期集中度较高，贷款投放前三位的行业集中占比高达90%以上，且行业集中度偏高，主要集中在农林牧渔业、制造业与建筑业三大行业，现逐年在降低大额集中性贷款比重，前三位合计占贷款总额从2008年的93.69%降到2017年的43.48%，风险意识增强，朝小额分散贷款方向健康发展，但农林牧渔业贷款比重逐年迅速降低以至于不能进入前三位，有偏离支农初心的趋势。

表 6－23 长丰科源村镇银行每年贷款投放前三位的主要行业分布情况

单位：%

年份 \ 类别	农林牧渔业占贷款总额的比例	制造业占贷款总额的比例	批发和零售业占贷款总额的比例	教育行业占贷款总额的比例	建筑业占贷款总额的比例	前三位合计占贷款总额的比例
2008	47.06	39.86			6.77	93.69
2009	72.92	13.90		5.14		91.97
2010	30.57	45.34	6.67			82.58
2011	22.79	43.71	11.97			78.47
2012	25.87	18.71			19.24	63.82
2013	25.09	17.69			17.09	59.87
2014	17.77	18.74			19.95	56.46
2015	11.29	13.09			11.94	36.32
2016		19.23	13.32		8.33	40.88
2017		19.22	18.57		5.69	43.48

资料来源：根据安徽长丰科源村镇银行年度报告整理。

仅从以上因素分析，靠的只是简单的技术分析和经验的判断，很难对安徽长丰科源村镇银行风险进行实时监控，准确计量其信用风险的大小，如果仅依赖这种定性的手段对信用风险进行评估，往往只会在风险暴露后采取弥补的方式，缺乏对信用风险把控的前瞻性、针对性和有效性。因此，有必要设计科学量化的信用风险管理系统，利用 MtF 模型的信息管理系统对安徽长丰科源村镇银行进行信用风险管理，主要采取两方面措施：一是要对村镇银行的非零售客户与零售客户进行信用评级、抵（质）押品管理、客户信用风险监测预警管理等，且每天根据村镇银行和交易客户的信用状况动态地衡量信用风险的水平，以客户违约风险、债项违约后损失风险的精准计量为目标；二是通过信用敞口的计量，实现信用资本的优化配置与资本的限额管理，以满足银行对信用风险进行量化管理的需要。

首先，随机选取本村镇银行的200笔贷款的原始数据作为样本代表该行所有信贷的信用风险状况；其次，依据中国银监会颁布实施的《商业银行信用风险内部评级体系监管指引》（银监发〔2008〕67号）从样本客户的资信情况（贷款记录和违约记录）、偿债能力（客户的所处的地域及行业、企业管理人员水平和技术水平、财务风险）、信贷项目（信贷项目的规模、经济效益、风险程度等）三个指标得出样本信贷中涉农和非农贷款企业信用等级，并计算违约率均值和方差；最后，分别将选取的样本贷款的违约率，违约率方差，风险敞口带入MtF模型的信用损失软件对样本数据进行计量分析并分别得出结论。

前面的分析已经知道安徽长丰科源村镇银行的职员主要是当地其他银行跳槽过来或新进的大学生，员工素质和管理水平还有提升空间，业务服务能力有待提升，另外服务的客户多为涉农企业与小微工商企业及当地的居民，业务集中在县域内，业务发展和生存易受到自然环境的影响，抵抗风险能力相对较弱，但是它具有经营的灵活性，能够根据市场变化及时调整经营方向等特点。该行截至2017年12月31日，各项贷款余额200651万元，其中，小微企业贷款余额173260万元，占比86.34%。因此，随机选取小微企业信贷数据作为样本具有代表性。

一、样本的确定

首先，选取的样本数量是200家小微企业，样本发生的时间段是2017年的一年期贷款，样本客户的特征是涉农贷款样本126家，非涉农贷款样本74家，其中，涉农贷款含农村基础设施的贷款、支农惠农项目贷款和农业产业项目的贷款样本。其次，按样本客户信用等级输入系统里，样本客户的信用等级及特征如表6-24所示：

表 6-24 样本客户信用评级及客户特征

等级	层次	特征
一级	AAA	信用度最高。公司治理结构优，管理者水平很高，现金流量充足，偿债能力极强，违约概率极低
	AA	信用度很高。公司治理结构优，管理者水平高，现金流量充足，偿债能力很强，违约概率很低
	A	信用度高。公司治理结构优，管理者水平高，现金流量正常，偿债能力强，违约概率不高
	A -	信用度高。公司治理结构优，管理者水平高，现金流量正常，偿债能力强，违约概率不高，但产品市场出现不稳定因素
二级	BBB	信用度中上等。公司治理结构一般，管理者水平一般，现金流量不很充足，偿债能力一般，违约概率偏高
	BB	信用度中等。公司治理结构一般，管理者水平一般，现金流量不很充足，偿债能力一般，违约概率较高
	B	信用度中下。公司治理结构较差，管理者水平较差，现金流量不足，偿债能力较弱，违约概率高
	B -	信用度差。公司治理结构较差，管理者水平较差，现金流量不足，偿债能力较弱，违约概率很高
三级	C	违约概率极高

二、确定样本参数

依据 MtF 模型的信息管理系统确定样本参数，分为三步：第一步确定样本期间，采用一年期短期流动贷款为衡量期间；第二步计量风险敞口值，根据银行的信用分级惯例将样本贷款数据分为九类，经整理样本行的贷款余额为 60036 万元，风险敞口总额 28080 万元，笔数 200 笔，如表 6-25 所示；第三步估算违约率，这一步非常重要。由于是估算，难免会带主观性，但为了接近客观事实，可以参考长丰县农商行对于中小企业同类信用等级的违约率均值和方差的估算值，估算每一信用等级的平均违约率，再根据样本行客户的信用评级得到该类信用等级客户的平均违约率，经计量得到表 6-25 和表 6-26 的数值。

表 6－25 样本信贷数据

样本项目	样本数据
贷款笔数（单位：笔）	200
其中：AAA	6
AA	13
A	22
A－	23
BBB	58
BB	38
B	16
B－	21
C	3
贷款总额（万元）	60036
风险敞口总额（万元）	28080

资料来源：样本银行统计。

表 6－26 样本客户各信用等级的违约率及违约率标准差

风险等级	信用级别	违约率平均值（%）	违约率标准差（%）
1	AAA	0.00	0.00
2	AA	0.50	0.40
3	A	0.88	0.60
4	A－	1.40	0.75
5	BBB	2.98	1.61
6	BB	5.20	2.62
7	B	7.90	3.90
8	B－	12.70	7.55
9	C	26.88	11.90

资料来源：《A 农商行中小企业贷款资料监测表》。

三、样本贷款的信用风险评定

1. 预期损失估计

MtF 模型的信息管理系统在输入上述参数后，可计算 200 笔贷款样本分别在 99% 和 95% 的置信水平下的损失分布情况，如图 6－8 和图 6－9 所示：

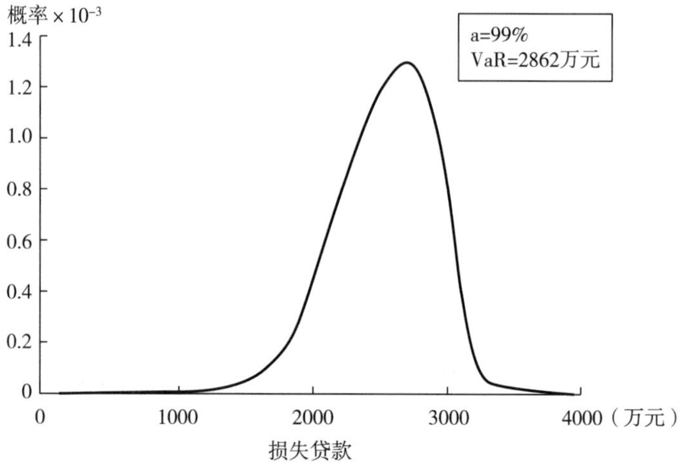

图 6－8　2017 年长丰科源村镇银行贷款样本损失概率分布（置信度 99%）

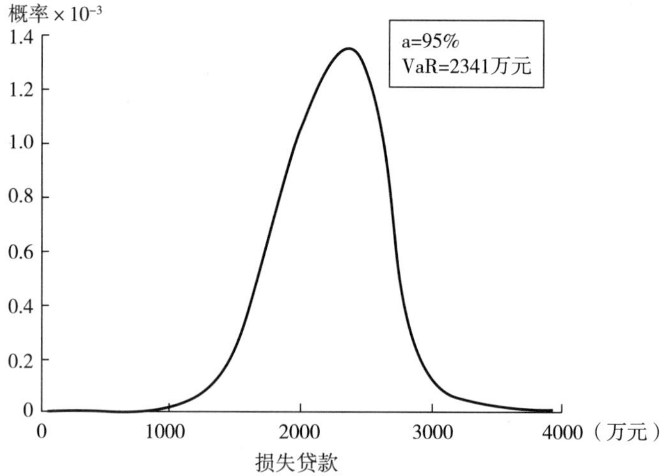

图 6－9　2017 年长丰科源村镇银行贷款样本损失概率分布（置信度 95%）

依据系统计算出的结果得知，200 笔贷款样本的贷款额总计是 60036 万元，在 99% 的置信水平下的最大损失为 2862 万元，预期损失为 1785 万元，非预期损失为 1077 万元，风险价值（VaR）占贷款余额比例为 4.77%。在 95% 的置信水平下，200 笔贷款样本的最大损失是 2341 万元，其中，预期损失为 1785 万元，非预期损失为 556 万元，风险价值（VaR）占贷款余额比例为 3.90%。

2. 贷款组合的风险贡献

基于情景分析的 MtF 模型风险分析方法与其他分析性的 VaR 方法相比具有的优势就是通过计量每一种组合成分对风险的边际贡献值来对信用风险源进行有效识别，有助于风险管理人员进行下一步的风险管理。在分析置信区间为 99% 的情况下，样本贷款组合中不同信用级别风险贡献率及其累计风险贡献率，根据系统分析可得出数据如表 6－27 所示。表中可知九类信用级别的风险贡献率差别很大，首先是贷款风险贡献率最高集中在 B－级的 21 家企业中，其风险贡献率为 60.2333%，其次是集中在 B 级的 16 家企业中，其风险贡献率为 18.4445%。

表 6－27　贷款组合中不同信用级别风险贡献率及其累计风险贡献率

风险等级	信用等级	风险贡献率（%）	累计风险贡献率（%）
1	AAA	0	0
2	AA	0.0025	0.0025
3	A	0.4919	0.4944
4	A－	0.9624	1.4568
5	BBB	3.5688	5.0256
6	BB	9.4463	14.4719
7	B	18.4445	32.9164
8	B－	60.2333	93.1497
9	C	6.8503	100

3. 对比分析，得出信用风险评估结果

数据已经得出，但单从样本数据来看，管理人员还是无法判断这个数值代表的含义，一般要与同行业或以自己历史的情况对比来发现其代表的信用风险大小。为此，我们用横向对比来分析该数据值的意义。查看其他商业银行的信用风险状况，由于数据可得性的问题，我们借用二手数据进行比较分析，郑倩璐选取浙江省 10 个地区贷款数据量化分析在 99% 置信水平下得到 VaR 占比平均为 1.344%。曾晓阳选取泉州市一家城市商业银行的贷款样本分析信用风险在 99% 置信水平下得出 VaR 占比为 1.66%。那么，安徽长丰科源村镇银行在 99% 置信水平下的风险价值（VaR）占贷款余额比例为 4.77%，可见，该行的信用风险要高于其他类型商业银行的信用风险。

第五节　安徽长丰科源村镇银行的操作风险计量分析

操作风险是商业银行面临的基本风险之一，近年来暴露的一些商业银行的操作风险案件影响恶劣，已引起社会的高度重视。近两年金融监管机构连续发文治理商业银行不规范的操作行为，开展了整治十大金融乱象及三个专项治理——“三违反”“三套利”“四不当”。商业银行内控方面同样也强化了问责制，通过“一险三问”和“一案三问”的强力问责方式以及上追两级、双线追责和把出现风险的机构及人员列入“黑名单”等方式来遏制操作案件多发、频发的态势。之所以操作风险易出现频发现象，因其具有三大特性：一是人为性。操作风险大多是因为银行职员在业务过程中操作不当引发，这包含职员有意违规操作和无意的操作失误都可能产生操作风险。二是广泛性。操作风险涉及所有的业务领域和业务流程的每个环节中，无论是风险较大的贷款业务还是简单的存取款业务都可能产生操作风险，在每种业务办理的全流程中，每个细节都可能产生操作风险。三是内生性。操作风险引发的原因多数是因为银行内部制度或程序不完善，致使内部员工发现有机可乘，通过违规操作使自己得利，部分是由于内部员工操作不当或失误引发的操作风险。

从安徽长丰科源村镇银行的官网信息得知，该行主要从以下六个方面来防范操作风险：一是加强内控制度建设，根据业务流程的调整及时对操作风险管理规章制度进行修订、完善，保证制度的时效性，构筑好防范操作风险的制度屏障；二是优化业务流程，柜面业务集中授权，强化中台防范操作风险的能力；三是加强检查监督，开展常规稽核、专项稽核的同时全面加大对风险敏感领域、关键环节、重要岗位的条线操作风险排查；四是建立有效的报告和沟通机制，发现哪个环节存在操作风险应及时向哪级部门汇报和处理的职责及相互协调的工作机制；五是认真落实重要岗位轮岗轮调、强制性休假制度和离岗审计制度，对业务流程中的重要岗位工作人员建立严格的行为规范；六是强化操作风险管理文化，重视员工合规文化的业务培训和思想教育，通过对合规操作的奖惩兼顾激励约束机制，使合规操作内化于员工的行为。

从上可知，安徽长丰科源村镇银行在操作风险的控制和监督方面要求较为笼统，偏重指导性和方向性，尤其是按照银监会发布的《商业银行资本计量高级方法验证指引》要求，村镇银行也应该以此为契机，努力探索和积极实践操作风险管理的新理念、新方法和新技术，从而提升操作风险管理水平。长丰科源村镇银行在操作风险与控制自我评估、关键风险指标、损失数据收集三大工具应用方面还在探索阶段，未能引入适当的模型进行量化管理，因而难以实现更精准地衡量操作风险状态。

根据长丰科源村镇银行操作风险的特点和管理能力，引入 MtF 模型对其操作风险进行量化，可相对容易实现精确管理。根据该模型的特点分三步进行，首先是以其操作风险形成的各种因素加以分析的基础上，确定关键风险指标；其次是做好损失数据的收集；最后是利用内部度量法对其操作风险进行计量。

一、自我评估操作风险因素

长丰科源村镇银行的风险控制人员可以通过调查，获得在业务操作流程中存在的风险点，对这些风险点进行科学分析和识别，并对管控措施进行评价分析，这些分析过程的目的是自评出操作风险的主要因素。

虽然巴塞尔协议高级计量法把操作风险按 8 个业务条线①和 7 种风险类型②划分为 56 个单元的风险资本，而村镇银行的业务类型相对简单，没有零售经纪资质，零售银行业务还在起步③，主要是传统商业银行业务，即存储银行，仅是储蓄机构，主要业务是存贷业务，而不是投资机构。从 2018 年长丰科源村镇银行年报中可以证实这一点，其贷款利息收入占主营业务收入的 46.24%，金融机构往来收入占主营业务收入的 53.62%，手续费收入仅占主营业务收入的 0.14%，没有其他收入。根据村镇银行现在业务开展的情况，主要操作风险点集中在与存贷业务相关的流程中，即主要是商业银行、支付和结算、代理服务三大业务条线中，内部欺诈、就业政策工作环境、客户产品业务操作、实体破坏、业务中断、执行交割流程管理、外部欺诈的七种风险类型可能都存在。因此，判断导致长丰科源村镇银行操作风险的原因可分为四大类，即从业人员因素导致的风险、流程与系统操作因素导致的风险、制度漏洞或制度不合理导致的风险、外部监管与外部欺诈因素导致的风险。

自从标志我国商业银行操作风险管理从定性向定量的转变的监管文件《商业银行资本管理办法（试行）》2013 年 1 月 1 日起实施后，长丰科源村镇银行也开始重视操作风险管理，从 2013 年开始记录在档的操作风险事件以及

① 8 个业务条线是指公司金融、交易和销售、零售银行、商业银行、支付和结算、代理服务、资产管理、零售经纪。

② 7 种风险类型是指内部欺诈、就业政策工作环境、客户产品业务操作、实体破坏、业务中断、执行交割流程管理、外部欺诈。

③ 零售银行业务是指商业银行运用现代经营理念，依托高科技手段，向个人、家庭和中小企业提供的综合性、一体化的金融服务，包括存取款、贷款、结算、汇兑、投资理财等业务。

造成的损失里发现，至2018年的操作风险管理事件共20多起，其中，内部操作引起的损失占比62.5%，外部欺诈事件占比38.5%。造成这种风险的原因可能是尚未建立操作风险管理相关的系统，或未能将操作管理流程与其核心业务系统对接，导致操作风险管理系统执行不到位，目前还是依靠人工方式进行操作风险管理，效率较低。

进一步调查发现，在导致操作风险的四大类原因中，从业人员因素导致的风险可以从人员素质、人员的思想、人员的管控能力方面寻找深层次的原因。人员素质方面对新业务不胜任的从业人员发生操作风险的可能性为1.22%，学习能力不足的从业人员发生操作风险的可能性为4.13%；人员的思想方面贪腐心理的从业人员发生操作风险的可能性为3.4%，侥幸心理的从业人员发生操作风险的可能性为2.58%；人员的管控能力对风险识别能力不足的占8.85%，对风险评价能力不足的占7.19%，对风险控制能力不足的占7.45%。从业人员因素风险在总体风险中占比为34.82%。

导致操作风险的流程与系统操作因素可分为两个子系统：一是业务办理流程中的风险，商业银行一般是三类业务模块，在对公业务流程中的操作风险可能性为7.61%，对私业务流程中的操作风险可能性为5.86%，中间业务流程中的操作风险可能性为2.13%；二是银行操作系统中的风险，系统设计缺陷造成的操作风险可能性为6.98%，数据移植造成的操作风险可能性为9.49%，流程与系统操作因素在总体风险中占比32.07%。

制度漏洞或制度不合理导致的风险可分为两个子系统，一是内控制度方面的内部治理结构不合理造成的操作风险的可能性为3.63%及内控制度可操作性不强，存在可操作漏洞的可能性为9.4%；二是业绩考核制度不合理造成的操作风险，主要由薪酬制度不合理造成的操作风险可能性为4.41%与人事安排政策令员工出现抵触造成的操作风险可能性为2.21%。制度漏洞或制度不合理在总体风险中占比为19.65%。

外部监管与外部欺诈因素导致的风险中，政府对金融机构具体监管执行中面临被处罚的可能性为4.46%，外部欺诈事件如骗贷、信用卡恶意透支、伪造票据等可能发生率为1.04%。外部监管与外部欺诈因素在总体风险中占比为5.5%。

二、关键风险指标的确定

关键风险指标是指代表长丰科源村镇银行的操作风险领域变化情况并可定期监控的统计指标，该指标值的确定属于操作风险管理过程中的事中控制阶段，它以当前视角对关键风险指标值进行监测，针对监测过程中的异常值开展原因调查以及采取措施以缓释或控制操作风险，并对方案措施执行结果进行跟踪或报告。关键风险指标的确定能有效地帮助长丰科源村镇银行各级业务和管理人员动态掌握风险变动和变化趋势，分清主次，抓住重点，防控造成损失严重的风险因子，并及时采取必要的措施控制风险，从而达到降低风险发生率、提高银行内控能力的目的。

1. 关键风险指标确定原则

（1）指标数据易得。在设计具体的评估指标时，相应的指标数据应该容易获取并具有连续性，且数据的抓取、更新和分析在现有技术水平下能够完全实现，如果是面对一个无法考核的指标，在实际操作过程中也必然要进行修改。

（2）指标可操作性强。可操作性的强弱会直接影响评估效果以及后期的应用，由于操作风险因素覆盖广泛，并非所有风险指标都具有可操作性。如果指标体系复杂烦琐不具有实操性，就起不到应有的作用，反而浪费了大量的人力、物力和财力。因此，设计的指标应简单易操作。

（3）指标具有针对性。操作风险是由内部职员、外部事件、业务流程、技术操作系统等多种因素造成，因此选取的指标体系要针对每类因素，能综合反映所有可能带来操作风险的原因，力争做到全面评价出可能发生的风险，从而有利于银行管理层针对性的管理风险。

（4）定性和定量指标结合。在指标设计过程中，为体现风险评估的公正性应尽可能采用定量的指标，减少主观因素的干扰。但在实际工作中，有些需要考核的指标无法量化或定量获取，因此，在指标体系设计中应适度引入一些经得起历史检验的定性指标，这样既能体现定量评估的客观公正性，又能体现评估的主观灵活性。

2. 关键风险指标确定方法

（1）方法简介。MtF 模型的信息管理系统有多种方法可供选择，以系统的模糊综合评价模型为例，来说明如何确定长丰科源村镇银行的关键风险指标。

模糊一致偏好关系（Consistent Fuzzy Preference Relations，CFPR）由 Herrera - Viedma 等于 2004 年提出，该方法是基于层次分析法用来确定属性或方案权重的评价方法。模糊综合评价模型相比较其他度量银行操作风险的研究方法的优势在于，它将具有模糊性特点的指标运用到操作风险评价指标体系中，这样在评价时不必确切知道每个操作风险评价指标的具体数值。在使用 MtF 模型的信息管理系统的前期，由于自身缺乏前期数据的积累，只能选用经验丰富的管理团队打分评价得出指标的权重，数据更加真实客观，也能比较好地反映出长丰科源村镇银行操作风险状况。该方法的实现途径是建立具有互补性和传递性两两比较偏好判断矩阵。

（2）评价步骤。首先，邀请本行 20 名在信贷业务部门、网点柜台业务、合规风控部等骨干职员组成专业团队对前面分析出来的自我评估操作风险因素中四大类的各种因素中列出具体的风险暴露点；再根据指标筛选原则，请银行的主要领导班子成员结合中国银监会对操作风险的监管要求构建了关键风险指标体系，具体指标体系建立如表 6 - 28 所示。

该指标体系主要分为三级，一级指标分别为人员因素、流程与系统因素、制度因素、外部因素四大类。在每一级指标下进一步细分了二级指标便于观察，二级指标下又细分了三级指标用于具体计量风险点。例如，一级指标人员可细分为业务能力、违法违规情况两个二级指标；其中，二级指标业务能力又细分为操作失误、风险识别能力不足和专业考核未通过三个三级指标。这样构建的关键风险指标体系，可以便于该行的风险管理者更加直观地观察到操作风险的影响因素有哪些，有利于预测风险和确定注意事项。指标体系的建构，有利于银行管理者厘清风险指标与观测点之间的关系，发现其操作风险引发的原因及从何处下手控制操作风险。

表 6－28　关键风险指标体系

一级指标	二级指标	三级指标
从业人员	业务能力	操作失误
		风险识别和评价能力不足
		专业考核未通过
	违法违规	失职违规
		内部欺诈
		越权操作
流程与系统操作	业务办理流程	不良业务或市场行为
		业务执行失误或中断
	系统缺陷	系统运行故障或瘫痪
		遭受黑客攻击
制度因素	制度漏洞	职权混乱
		内控制度真空
	制度不合理	员工流失
		员工劳动诉讼
外部因素	外部监管	上级机构处罚
		国家政策变动
	外部犯罪	外部盗窃、出卖、伪造等
		交易欺诈

其次，根据已建构的指标体系，再请那些骨干职员组成专业团队对具体的风险暴露点导致的操作风险发生概率进行评价打分，评价方法采用 1～9 标度法，具体如表 6－29 所示。

表 6-29　1-9 标度法

标度	含义
1	表示两个因素相比，具有相同重要性
3	表示两个因素相比，前者比后者稍重要
5	表示两个因素相比，前者比后者明显重要
7	表示两个因素相比，前者比后者强烈重要
9	表示两个因素相比，前者比后者极端重要
2，4，6，8	表示上述相邻判断的中间值

根据团队打分情况，输入 MtF 模型的信息管理系统中，对商业银行风险预警体系每个风险指标 C_i（$i=1, 2, \cdots, n$），20 个参与预警评价人员 E_k（$k=1, 2, \cdots, m$）分别对 C_i 指标进行 $n-1$ 次两两比较构造风险预警体系风险发生概率判断矩阵，构造出该行风险预警体系模糊偏好关系，系统会自动计算出风险预警体系指标相对发生概率。

（3）确定关键因子。通过 MtF 模型的信息管理系统进行统计、整理并计算后的结果如表 6-30 所示，表中的数据表示该因素风险暴露的相对发生概率。

表 6-30　长丰科源村镇银行操作风险预警结果

单位：%

一级指标	二级指标	三级指标
从业人员（34.82%）	业务能力（29.23%）	操作失误（6.46%）
		风险识别和评价能力不足（20.2%）
		专业考核未通过（2.57%）
	违法违规（5.59%）	失职违规（1.08%）
		内部欺诈（3.31%）
		越权操作（1.2%）
流程与系统操作（32.07%）	业务办理流程（18.67%）	不良业务或市场行为（13.88%）
		业务执行失误或中断（4.79%）
	系统缺陷（13.4%）	系统运行故障或瘫痪（12.27%）
		遭受黑客攻击（1.13%）

续表

一级指标	二级指标	三级指标
制度因素（25.41%）	制度漏洞（5.48%）	职权混乱（2.54%）
		内控制度真空（2.94%）
	制度不合理（19.93%）	员工流失（16.29%）
		员工劳动诉讼（3.64%）
外部因素（7.7%）	外部监管（5.58%）	上级机构处罚（3.1%）
		国家政策变动（2.48%）
	外部犯罪（2.13%）	外部盗窃、出卖、伪造等（1.09%）
		交易欺诈（1.04%）

由表6-30可知，对于长丰科源村镇银行而言，操作风险的四类因子中主要由从业人员因素（34.82%）和流程与系统操作因素（32.07%）造成，两者发生的概率均达1/3，加总占2/3左右。在从业人员因素中，因从业人员的业务能力不足而引发的操作风险概率高达29.23%，这主要是因对风险识别和评价能力不足所引发的，因操作失误引发的操作风险概率相对来说较低，由此可看出，因员工风险识别和评价能力不足最易导致操作风险的发生，防止风险的措施应该要加强此方面的培训工作，使员工的业务能力不断提高。在流程与系统操作因素中，根据数据可知，在办理业务流程中的不良业务或市场行为（13.88%）及由于系统缺陷导致系统运行故障或瘫痪（12.27%）是此类因素中触发风险的主要原因。业务流程中的不良行为主要包括不合理开发新产品、违反规定提高利率、进行不当销售等，它源自于金融产品的复杂性、信息不对称以及银行与金融消费者之间的地位不平等。系统运行故障或瘫痪一般是由于未及时更新老化的硬件和软件或是未按规定进行日常的设备维护。

根据计量的数据，风险管理人员在 MtF 模型的信息管理系统自主设定预警报警值与监控频率，重点监控那些相对发生概率高的关键因子，及时采取措施，增加监测频率，降低风险发生概率。在该行的操作风险防控上，要重视从业人员和流程与系统操作两大关键因子，加强从业人员教育培训工作，优化业务操作系统，弥补内控制度的不足。

三、损失数据的收集

对操作风险损失事件的相关情况进行收集分类，能够更好地了解银行操作风险的管理情况，自2013年1月1日实施《商业银行资本管理办法（试行）》后，长丰科源村镇银行对操作风险管理也日益重视，根据记录在档的操作风险事件以及造成的损失里发现，从2013～2018年的操作风险管理事件共20多起，其中，内部操作引起的损失占比62.5%，外部欺诈事件占比38.5%，图6－10是五年间操作风险事件的具体分类情况。

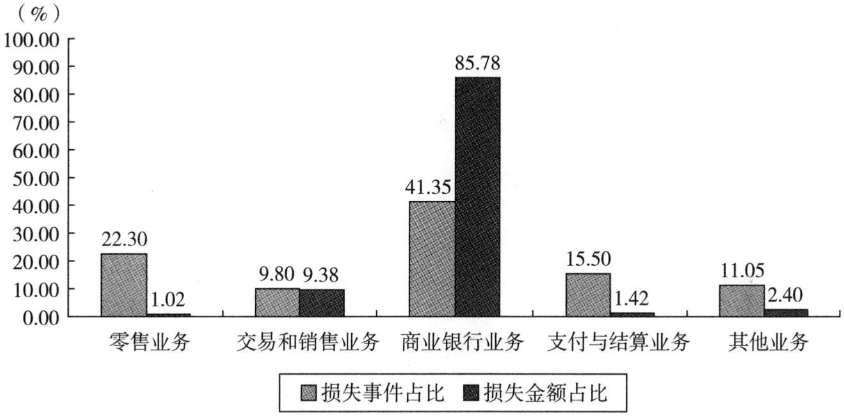

图6－10　操作风险事件按业务线归属分类情况

1. 按业务线归属分类

根据巴塞尔委员会在《新巴塞尔协议》中对业务线归属的划分，操作风险事件分为商业银行、交易与销售、零售银行、支付与清算、资产管理、代理、零售经纪、公司金融以及其他九大类别。通过对长丰科源村镇银行实际业务分析，该银行发生的风险损失事件主要集中于零售业务、交易和销售业务、商业银行业务和支付与结算业务，由图6－10可知，长丰科源村镇银行从

2013～2018 年发生的 20 多起操作风险事件中，操作风险损失主要集中于传统业务，其中，商业银行和零售业务占比最高，分别为 41.35% 和 22.30%，另外，还可以看出，商业银行业务造成的损失最大，占总损失金额的 85.78%，而零售业务造成的损失金额仅占总金额的 1.02%，其原因是该银行主要以商业银行业务和零售银行业务为主营业务，例如，房地产开发贷款、个人消费贷款、银行卡业务等都属于这两大业务内容，加之银行操作人员的业务素养有待提高，风险防范意识不够，所以导致传统业务中发生的操作风险的概率最大，而商业银行业务一旦发生风险，例如，房地产贷款项目，其损失金额十分大，零售业务因为涉及金额较小，所以即使造成损失，其损失金额也较小。

2. 按损失事件类型分类

从损失事件类型角度来看，长丰科源村镇银行在操作风险的损失上主要起因为内部欺诈，占操作风险损失事件的 45.34%（见图 6－11）。内部欺诈包括行为未授权和盗窃与欺诈，由此可看出，未经授权交易、内部人员越权审批、内部伪造、变造等原因造成的损失事件较多。从损失事件数量和损失金额综合来看，外部欺诈为造成损失事件的第二大原因，外部欺诈又可细分为外部盗窃与欺诈和系统安全性两大类，所以该银行在票据伪造、外部伪造、黑客攻击损失等方面要加强防御，加大内部监管和力度，注重提高工作人员职业素养。

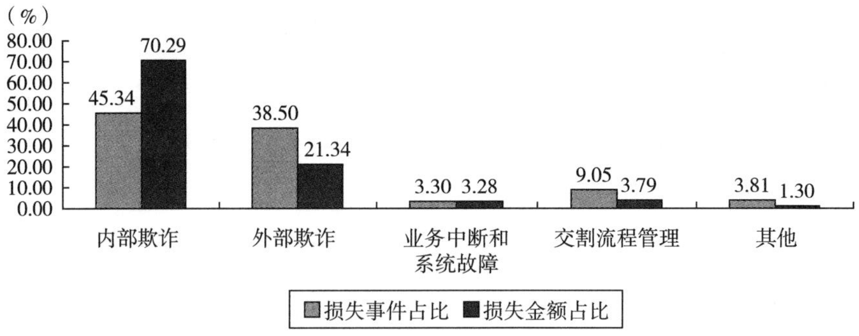

图 6－11　操作风险按损失事件类型分类情况

3. 按人员级别分类

从该银行人员的级别角度来看，操作风险损失事件主要多发于基层人员和中、高层管理人员，其中，由基层人员造成的损失事件的数量最多，占总数量的56.34%，但从损失金额来看，中、高层造成的损失金额最高，占总金额的55.78%（见图6-12），由此可看出，基层人员发生操作风险的概率最大，而中、高层管理人员带来的操作风险损失金额最多。

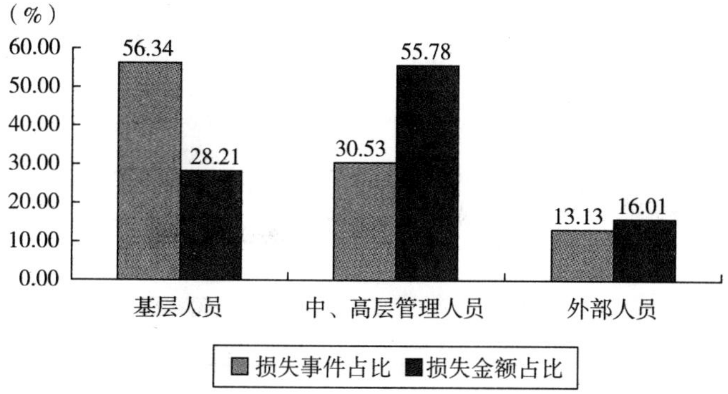

图6-12　操作风险按人员级别分类情况

4. 按银行机构级别分类

目前，长丰科源村镇银行除了总行营业部之外，还有3家支行，从银行机构级别角度来看，在操作风险损失事件中，无论是损失事件发生的数量还是造成的损失金额，支行的总量都高于总行营业部（见图6-13），由此可以看出，支行发生操作风险损失的概率更大，应加强对支行的操作风险管理，加强对支行业务人员有关防范操作风险的培训。

四、计量操作风险资本金

按照《新巴塞尔协议》要求，国际上计量操作风险资本金通用的方法有三种，包括基本指标法、标准法和高级计量法（高级计量法包括内部度量法、损失分布法和极值法等)。根据前面讨论的关键风险指标的确定和损失数据的收集，首先采用内部度量法对安徽长丰科源村镇银行的操作风险基本金进行计量。

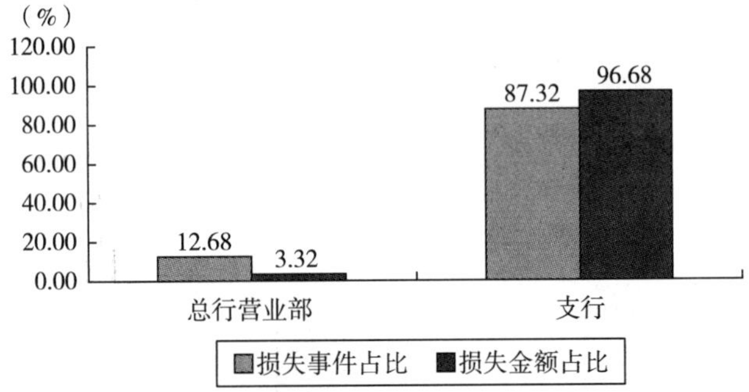

图 6－13　操作风险按银行机构级别分类情况

1. 用内部度量法计量操作风险资本金

内部度量法是将银行业务划分为公司金融、商业银行业务、代理服务、交易和销售、零售银行业务、资产管理、支付和清算、零售经纪和其他业务九个标准化业务种类，然后对每一个业务类别划分为七个损失事故类型，最后对每一个业务类别/事故类型进行组合。但是由于长丰科源村镇银行本身业务以及损失事件的特殊性，便将银行业务划分为三种，包括公司金融、商业银行业务、代理服务；损失事故划分为四个类型，包括从业人员、流程与系统操作、制度因素、外部因素。因此，共有 12 个组合，具体数据见表 6－31。

表 6－31　长丰科源村镇银行操作风险事件的发生概率和损失程度

单位:%/万元

损失事件＼业务	公司金融	商业银行业务	代理服务
从业人员	10.45/1471.2	20.89/2595.2	3.48/125.6
流程与系统操作	9.63/71.2	19.24/116	3.20/5.6

续表

损失事件＼业务	公司金融	商业银行业务	代理服务
制度因素	7.62/94.4	15.25/560.8	2.54/280
外部因素	2.31/991.2	4.62/1608	0.77/80.8

内部度量法的基本思路是，首先对业务线/风险类型组合规定一个风险暴露指标（EI），通过内部损失数据计算出给定损失事件的概率（PE）以及该事件的损失程度（LGE），则该业务线/风险类型组合的预期损失（EL）为：

$$EL = EI \cdot PE \cdot LGE$$

然后为每个产品线/损失类型组合确定一个将预期损失转换成资本要求的转换因子，利用转换因子计算出每个业务单位的资本要求。用内部度量法计算的总资本要求（K_{TAMA}）的计算公式为：

$$K_{TAMA} = \sum_{j}\sum_{j}[\gamma(i,j) \cdot EI(i,j) \cdot PE(i,j) \cdot LGE(i,j)]$$

其中，i 表示业务线，j 表示风险类型。

为了计算的简便，预期损失转换成资本要求的转换因子统一使用一个固定值，现行国际上通用的转换因子为 110%。然而目前全球经济复苏乏力，中国经济受中美贸易战、国内经济结构转型升级等因素影响，下行压力增大，国内银行需更加注重风险控制。因此，将转换因子进行上调，设定为 120%，则可以计算出单个业务线/风险类型组合的操作风险资本金，如表 6－32 所示：

表 6－32 长丰科源村镇银行操作风险资本金

单位：万元

损失事件＼业务	公司金融	商业银行业务	代理服务
从业人员	184.49	650.57	5.25
流程与系统操作	8.23	26.78	0.21
制度因素	8.63	102.63	8.53
外部因素	27.47	89.15	0.75

则总的操作风险资本金为：

$$K_{TAMA} = \sum_{j}\sum_{j}[\gamma(i,j)\cdot EI(i,j)\cdot PE(i,j)\cdot LGE(i,j)] = 1112.69\ (\text{万元})$$

然而，内部度量法由于存在数据收集不够准确、转换因子等部分数据的确定有许多的主观性等诸多局限性，计算结果存在一定的偏差。所以，为了增强操作风险资本金的可靠性，MtF 模型的信息管理系统还可以选用基本指标法和标准法对操作风险资本金进行进一步计量。

2. 用基本指标法计量操作风险资本金

用基本指标法来计量操作风险资本金，适用范围是一些小型的、业务范围较为简单的商业银行。这种方法计算相对来说较简单，缺陷就是总收入指标与操作风险暴露之间的相关性不强。

基本指标法计算银行所需的操作风险资本金等于其前三年总收入的平均值乘上一个固定比例（α）。根据银监会发布的《商业银行操作风险资本计量指引》，银监会将该固定比例（α）设定为 15%，该比例计提的资本金足以覆盖商业银行可能面临的操作风险。通过分析长丰科源村镇银行披露的年度报告，其 2016 年、2017 年、2018 年的总收入分别为 21588 万元、15112 万元、10571 万元，年收入平均值为 15757 万元（见表 6－33），以此来预测 2019 年的操作风险资本金。

表 6－33　2016～2018 年安徽长丰科源村镇银行收入情况

单位：万元

项目＼年份	2016	2017	2018
营业总收入	21588	15112	10571
平均年收入		15757	

根据基本指标法，则该商业银行的操作风险资本金为：

操作风险资本金 = 15757 × 15% = 2363.55（万元）

3. 用标准法计量操作风险资本金

由于基本指标法的局限性，可用标准法再对操作风险资本金进行计量。使用标准法计量操作风险资本金，可弥补标准法的缺陷，可以细分银行的业务部门，且对不同的业务部门赋予不同的操作风险权重，具有极强的可操作性，特别适合成立不久，业务规模较小的银行。

根据标准法，将银行业务划分为公司金融、商业银行业务、代理服务、交易和销售、零售银行业务、资产管理、支付和清算、零售经纪和其他业务等9个标准化业务种类，并且每种业务设定一项指标来反映该业务的业务量以及规模。另外对每一项业务设定一个固定百分比系数β，与业务指标相乘，就是这种业务所占的操作风险资本金要求。所有业务种类所占用的资本金要求相加，即为该银行的操作风险资本金配置要求。

长丰科源村镇银行业务类型较为简单，实际经营规模较小，主要业务类型只涉及公司金融、商业银行业务和代理服务三个标准化业务。因此，我们可以通过长丰科源村镇银行披露的2018年的年度报告，计算得到该银行公司金融、商业银行业务和代理服务这三个业务规模分别为11575万元、9983万元、30万元（见表6－34），以此来预测2019年的操作风险资本金。

表6－34 安徽长丰科源村镇银行2018年各业务线操作风险资本

业务条线	总收入（万元）	β系数（%）	监管资本（万元）
公司金融（β_1）	11575	18	1736.25
商业银行业务（β_2）	9983	15	1497.45
代理服务（β_3）	30	15	4.5

注：操作风险资本金 = $\sum[\beta_i \times EI_i]$ = 1736.25 + 1497.45 + 4.5 = 3238.2（万元）

4. 综合分析

通过分析上述三种方法计算的操作风险基本金，可以看出计算结果存在较大的误差。为了使计算结果更加精确，更加接近银行实际需要的资本金，因此，对三个计算的基本金结果，求一个平均值，平均值为：

(2363.55 + 3238.2 + 1112.69)/3 = 2238.15（万元）

根据年报分析，该银行年度资产减值准备 2018 年底为 6538 万元，包括贷款损失准备 6402 万元和坏账准备 136 万元。贷款拨备率 2.71%，拨备覆盖率为 248.87%。根据操作风险基本金计量的平均值为 2238.15 万元，处于年度资产减值准备年末余额之内，资产拨备可以覆盖操作风险，因此，该银行的操作风险尚处于可控制范围之内。

第六节　安徽长丰科源村镇银行全面风险管理报告

通过前文对长丰科源村镇银行的市场风险计量分析、流动性风险计量分析、信用风险计量分析、操作风险计量分析，我们知道，运用 MtF 模型的风险管理系统，结合目前该银行的经营情况，不仅能支持多种多样的资产组合战略、资产种类、估值方法、情景生成技术和投资组合风险分析方法，还可以使风险管理人员从整个银行的角度全面、实时地计量、监控并且管理所有面临的风险，以达到全面缩小整个银行的风险或具体资产组合风险的目的。

实际上运用 MtF 模型的风险管理系统，可以满足长丰科源村镇银行对接全球的风险管理体系，实行全面的风险管理范围，实现全程的风险管理过程，运用全新的风险管理技术，贯彻全员的风险管理文化。

MtF 模型的全面风险管理强调通过量化分析来支撑村镇银行的决策分析，在银行决策层面上管控其战略方向的选择、重大业务的决策等。这种全面风险管理基本上通过三个阶段来完成：

第一阶段预交易分析，是指长丰科源村镇银行按照所处的市场环境对具体资产组合设计的过程中，需要预判各种具体组合资产交易值的大小，以确定符合银行总体投资策略的最佳风险回报率的资产组合。在该阶段，可以在资产收益理论的指导下进行，业务部门的管理者设定一种仿真市场环境下的模拟情景，将各种资产组合进行风险分析，从多种角度观测所设计的资产组合并测算其风险指标值。

第二阶段风险跟踪，是指在完成第一阶段后对实际资产组合面临的各种风险进行计量跟踪，通过 MtF 模型预先设定的各类风险限定和基准对实际资产组合运用 VaR 理论进行风险和效益预测。

第三阶段调整模拟，是指在第二阶段跟踪的过程中对资产组合中的金融工具的头寸进行调整以规避风险的模拟分析。这种调整模拟的目的是要找到最佳风险规避方案，提交给管理决策者批准后，再通过 MtF 模型的交易系统完成资产组合的调整操作。

根据前面三个阶段对长丰科源村镇银行的各种风险的分析，MtF 模型还可生成全面风险管理报告。具体内容如下：

一、引言

在报告期内，银行根据《农村中小金融机构风险管理机制建设指引》《银行业金融机构全面风险管理指引》等相关规定，对接全球的风险管理体系，建立风险管理制度，运用全新的风险管理技术，培育风险管理文化，完成了本行的全面风险评估，大大增强了银行抵御风险的能力。

二、风险评估

银行的合规风险部对本行内外部政策和经营环境信息、风险管理制度、流程以及风险案例进行了全面、系统的分析，协调各个业务部门对每个岗位的风险引爆点进行梳理，组织银行业务骨干与中高层管理人员进行全面风险评估，认为尽管目前本银行风险环境属于中性可控的范围，但必须强化对内、外部风险管理制度的执行力。

在内控制度建设上，银行以形成先进的风险管理文化为目标，通过建立合理的内控激励与约束机制，高层管理者定期听取风险部门对主要风险及风险管理情况进行分析的专题报告，完善全面风险管理体系，确保全行各类业务和管理流程的规范化运作。同时内控制度建设中包含严格的内部审计和外部审计措施，以便及时发现风险因素，再根据经营管理情况，选择风险因素的量化模型。重点防范信用风险、流动性风险、市场风险、操作风险、信息系统风险以及声誉风险六大风险。

三、风险管理策略

银行基于自身面临的外部市场和经济环境，综合分析了自身的管理基础和业务发展态势，是否与自身发展的战略目标相一致，并相应提出在业务上提高风险管理的技术策略。这些策略包括建立各类风险损失数据库、规范数据采集标准、各种维度的具体风险限额指标等，还包括在业务操作上经过资产配置方案自检、风险合规论证、逐日盯市分析再到对冲规避模拟等，通过运用这些实际就是 MtF 模型所要求的技术策略，实现风险的精准计量。同时，银行风险管理策略中力求实现“人人参与风险管理”的工作氛围，确定风险管理工作的损失前和损失后目标，并提出应对具体风险所使用的金融工具，强调风险管理技术应对工具的选择时，应综合考虑各类因素，突出重点，工具选择强调打组合拳，且能因势而变，不同的风险采取不同的方法或方法组合。

四、风险应对措施

为强化风险管理的有效落实，银行针对主要的六项风险编制了应对方案，围绕经营目标制定了包括定期召开经营相关信息和宏观经济、乡村振兴形势分析研讨会，实现业务过程中检查监督等一系列风险防范措施，通过常规稽核、专项检查、突击飞行检查，全面加大对风险敏感领域、关键环节、重要岗位的条线的风险排查工作，编制《同城票据交换应急预案》《支付清算系统危机处置预案实施细则》《处理爆炸、恐吓等威胁办公营业场所安全突发事件应急预案》等风险应对方案，加强了全方位的风险防范，力求最大限度规避可能发生的风险，或者出现风险时也能减轻风险带来的影响。同时，不定期开展突发事件应急演练，保证突发事件发生后应急协调有效、处置得力。

五、重大风险日常监控

银行坚持对重点风险实行常态化、持续进行监控的原则，利用现代高科技信息技术提高风险控制的效果和效率，基本实现了监管指标的预警机制，在业务上通过集中授权，加强柜面业务操作指导，按月通报柜面业务监督结果，对重要岗位工作人员在八小时内外行为进行监督与规范，对重要岗位采取轮岗轮调、强制性休假制度和离岗审计制度。银行不仅强化风险监控技术系统的日常管理，也强调风险管理人员的经验核对与管理系统监控相结合，通过抽查跟踪与重点监测相结合的方式进行风险监控，以便发现风险预警信息，及时跟踪风险事件，回馈相关部门并督促整改。促进银行形成良好的风险监控信息分析系统与通报的制度文化。

六、风险管理文化建设

银行以形成先进的风险管理文化为目标，通过建立合理的内控激励与约束机制，高层管理者定期听取风险部门对主要风险及风险管理情况进行分析的专题报告，完善全面风险管理体系，确保全行各类业务和管理流程的规范化运作。风险管理文化建设体现在开展多种形式的文化宣传和一系列的风险管理培训活动中，包含在 MtF 模型系统上建设全面风险管理专栏，作为银行内部风险管理知识宣传及学习的渠道，定期邀请专家进行全员风险管理培训，定期组织银行职员运用 MtF 模型进行风险识别、评估、监控等专题培训，提高了员工对风险的认识水平和实施风险管理的工作能力，培养了员工风险管理的自觉意识和行为习惯，使合规文化内化于全体员工的职业生涯中。

七、风险管理组织体系

银行设立了股东大会、董事会、监事会、高级管理层为主体的全面风险管理组织架构。全面风险管理的领导机构是董事会，负责对银行的重大经营决策、发展战略及关联交易等重大风险的事项进行充分论证，发挥监督、制衡和决策作用。董事会下设风险管理与关联交易控制委员会、审计委员会、“三农”与小微企业金融服务委员会、消费者权益保护工作委员会四个专委会。为了完善银行的风险管理组织体系，于 2018 年 4 月新设了监事会，监事会行使监督职能，按照监事会议事规则和监事会工作制度要求，充分尊重董事会和高级管理层的决策权和经营管理权，积极发表意见和建议。通过日常监督、内部审计和各种排查，及时发现问题、注重整改落实、提升监督能力、强化监督效果，切实维护本行和全体股东的利益。经营层高管人员受聘于董事会，对日常经营管理全面负责。

八、风险管理对战略规划整体目标实现的支持情况

2015 年，银行提出“高质量发展”战略，实现由“高速度发展”向“高质量发展”转变，以防控风险、强化服务、深化改革三大任务为导向，坚守市场定位，牢记支农使命，为长丰县乡村振兴战略和实体经济发展提供有力的金融支持。银行的风险管理工作遵循“高质量”发展的战略导向，在实施由“高速度”向“高质量”发展战略转型中，主要加强内控机制建设，规范信息披露、信息收集机制，建立重大风险监控预警机制和应急预案，培育风险管理文化，使全面风险管理理念深深扎根于全体职员日常的工作行为中，从而为实现“资产质量、风控能力、内部管理、经营效益”提供了坚实的支撑，全面提升了银行的基础管理水平。通过不断梳理风险管理中的缺失项，完善了银行的风险管理体系，将转型中的风险控制在自身可承受的范围之内，为“高质量发展”战略的执行保驾护航。

九、银行内部和外部环境变化情况与发展趋势

1. 外部环境变化与发展趋势

当今国际经济形势错综复杂，虽然世界经济有复苏迹象，但受国际政治格局动荡，以美国为首的单边主义和贸易保护主义抬头等影响，中国经济发展难免遭受阻碍。国内经济新旧动能转换以及受中美贸易战的影响，国内经济增速放缓。近几年，国家继续实行积极的财政政策和稳健中性的货币政策。稳健中性的货币政策强调松紧适度，为更好地满足社会经济运行所需要的合理货币需求，中国人民银行相机提高了公开市场业务操作、中期借贷便利（Medium-term Lending Facility，MLF）和常备借贷便利（Standing Lending Facility，SLF）利率三大常用的调控工具，使市场利率根据市场情况有所波动。金融领域改革力度进一步加大，银监会密集出台多个监管文件，开展银行业金融机构专项治理，把防控风险放在更加重要位置，监管环境趋严，进入强监管去杠杆时代。受 MPA 考核、同业整顿影响，银行在资产端、负债端都面临着不小的压力。随着国家乡村振兴战略的实施，农村金融领域会带来一些新的机遇。因此，银行积极顺应了政策的变化和要求，加强了自我改革转型，积极探索业务转型和产品创新，力求经营管理降本增效和风险可控，努力寻找新形势下高质量发展的路径。

2. 内部环境变化与发展趋势

近几年，银行把防风险、提质量作为首要任务，要求对银行的组织架构进行调整，设计全面的风险管理架构，必须实施风险管理三道防线法，第一道防线的责任主体是相关职能部门和业务单位，第二道防线的责任主体是风险管理部门和董事会下设的风险管理委员会，第三道防线责任主体是内部审计部门和董事会审计委员会。

未来几年，长丰科源村镇银行要紧扣发展要务，实现“资产质量、风控能力、内部管理、经营效益”提升，必将进入“优化方法”的全面风险管理

阶段。在这一阶段，最重要的就是完成全面风险管理的建立，并在具体操作中采取四项措施。第一，银行的业务发展和运营方式会因科技深入融合而发生根本性变化，同时风险管理职能的角色也将会发生改变，即从数字化转型的旁观者成为驱动者，而这将考验风险管理职能的核心能力。第二，作为一家村镇性银行，需要重新考虑风险管理方式，需要管理哪些风险以及需要招募哪些新型人才。例如，作为村镇银行，最重要的角色就是信贷投向进一步向“三农”和小微领域倾斜，然而由于农产品领域的特殊性，资金回报周期长，银行需要考虑特殊的风险管理方式，这就需要相应领域的风控人才。第三，借助科技的力量，银行产品从研发到发布的周期会大大缩短，因此，风险与合规的实时管理将成为常态。第四，银行的发展离不开监管机构和董事会的支持，因此，银行风险控制部门需要实施有效的风险管理转型，尤其是在需要控制成本的领域，符合成本效益要求。因为银行在努力降低风险管理成本的同时，也希望在具体实施过程中能使发挥作用的速度更加快捷，操作更加智能。

十、未来风险管理工作思路

1. 管理新风险，提高竞争力

随着乡村振兴战略的实施，“三农”发展有巨大的资金支持需要，农村地区成为许多银行机构的蓝海战略领地，许多县域已经入户了 10 多家银行机构，行业竞争加剧，给长丰科源村镇银行带来了巨大的挑战。此外，随着互联网的高速发展，金融科技公司迅速兴起，大型科技公司如蚂蚁金服、京东金融等大量涌入金融服务领域的盈利业务板块，给银行带来了业务挑战。根据蚂蚁金服官方信息披露显示，蚂蚁金服 2018 财年税前利润 92 亿元，活跃用户 8.7 亿，瓜分了银行的业务市场。同时，随着银行的深入发展，各种风险随之加剧，同时资本、流动性和融资要求也发生了巨大改变，因此，银行净资产收益率目标的战略性可选区间正在变大。此外，银行需要应对因拥有大量数据而带来的巨大挑战。这些数据可能会因质量差或缺乏保护而成为银行的负担，但如果对其妥善管理并利用得当，就会转化为银行的资产。例如，银行需要使用 MtF 模型的数据信息系统结合 VaR 或机器学习方案进行信贷风控，可以有效地防范信贷风险，并积累了客户信息数据，为开拓新业务奠定了基础。因此，需要妥善管理各种风险数据，提高银行的竞争水平。

2. 引领数字化风险管理转型

在信息技术深入银行业以后，科技逐渐成为实施变革、促进客户融合的驱动力。随着银行业数字化转型的加快，银行的科技工作将从探索阶段转向在中后台部门全面实施新科技阶段，包括使用客户互动应用程序、使用机器人投顾、聊天机器人等技术。这必将对银行的风险职能造成新的挑战，迫使银行改变风险监控状况和推动数字化转型的方式以及如何借助新兴科技将自身打造为更加高效、更加智能化且更具成本效益的金融机构。而这种变革需要风险管理采用不同的操作模式和新的管理方式，最重要的是配备银行所需的风控人才。数字化转型要面临的主要障碍包括人才短缺及网络安全问题。经分析本行的员工素质情况有待提升，尤其是懂网络技术与金融专业的复合型人才，在 MtF 模型的技术分析中，要懂得参数选择的专业性。因此，银行在引领数字化风险管理转型的过程中，需要积极引进高端技术人才和高素质人才，积极应对转型的风险，预防网络安全问题。

3. 运行好三道防线

风险防控阶段，银行都对风险管理框架做出了广泛的调整。现阶段银行的全面风险管理工作重点是实施好三道防线，兼顾有效的风险管理和成本效益。所谓三道防线就是以业务经办部门和业务经办行为主体的第一道防线，以业务管理部门、风险管理部门和合规部门为主体的第二道防线，以审计、监察等部门为主体的第三道防线。故此，长丰科源村镇银行相应成立了运营管理部作为第一道防线的责任主体，合规风险部为第二道防线责任主体，审计稽核部为第三道防线的体系，是长丰科源村镇银行全面加强风险管理，完善内部控制框架的重要举措。然而，运行三道防线在银行具体实施过程中存在诸多的挑战。首先，三道防线是在成本效益的最优权衡下，为银行提供实现商业银行战略目标、经营成果等目标的保证措施。这种成本效益是运用一系列历史数据，为银行今后的发展提供参考，具有一定的滞后性。因此，长丰科源村镇银行应当立足长远、合理考虑当期成本和预期收益率，合理设置三道防线。其次，发挥三道防线的风险控制作用是一个过程，三道防线作用于银行各业务流程，并非彼此独立或可以相互取代的关系，而是相互补充、互为强化的完整体系。在银行业务具体实施过程中，都会存在或多或少的偏差和风险，长丰科源村镇银行只有发挥“三道防线”内部控制系统的合力作用，才能将风险和偏差控制在预期损失之内。此外，三道风险的设置并不是一成不变的，长丰科源村镇银行必须根据银行业务发展的需要以及全面风险的控制，优化和完善防线设置，提高经营效率。这就要求银行对于三道风险的先进数据和模式风险等进行专业分析，但由于村镇银行这类微型金融机构组织结构的简化，风险及合规职能人员增幅放缓，专业人才短缺又将是长丰科源村镇银行的一大挑战。

4. 管理行为风险等非金融风险

过去，银行都在实施“去风险”的措施来降低银行的行为风险，而现在，银行充分认识到制定相关的风险控制措施，适度的行为风险可以履行对客户的承诺并交付产品，扩大银行的业务发展。对于长丰科源村镇银行来说，管理行为风险等非金融风险存在一定的挑战。第一，管理行为风险等非金融风险，而非仅降低行为风险。迄今为止，银行在“去风险”方面已经取得一定的成效，降低了内在的行为风险。然而根据安永与国际金融协会的调查显示，许多行为风险对银行来说同样存在着机遇，例如，洗钱、信托义务、内部舞弊、制裁和腐败（如便利费）等。这些问题需要银行去探索新的解决方法，并重点关注以其成本效益的方式管理行为风险。第二，银行需持续关注企业文化。企业文化关系着员工的精神面貌，需在长期经营中持续投入精力，打造并强化企业文化，例如，将员工行为（无论好坏）与薪酬决策和个人年度绩效评估关联起来。第三，利用风险偏好框架管理非金融风险。需确定行为风险的定义和形成区域以及行为风险的计量和监控方法。然而对于长丰科源村镇银行来说量化行为风险是一种挑战，尤其是从风险偏好角度对这种风险进行适当评估时，需确保成本效益。

5. 保持弹性，抵御网络风险

随着银行业务与互联网业务的深化，银行对业务运营弹性和网络弹性越来越重视。尤其是面对外界危机频发的年代，银行能围绕原有的经营目标，在保持金融服务的本质特征不变的前提下，可适度增加运营的可变性，即加大银行运营弹性。同时，在当今银行业务电子化的时代，银行也需关注网络弹性。银行业内每日都有遭遇网络攻击银行网站的新闻，对银行风控部门来说，网络风险的量化和报告仍然是一项艰巨的任务，这也要求长丰科源村镇银行积极引进人才。鉴于银行面临着运营弹性和网络弹性问题，银行最重要的任务就是管理好关键客户。

第七章　研究结论与建议

第一节　MtF 模型适合村镇银行进行全面风险管理

通过研究发现，MtF 模型非常适用于村镇银行的全面风险管理。由于村镇银行差异化、特色化经营业务的独特性，不具备发放、买卖金融债券的资质，没有经营外汇业务和提供信用证服务及担保等业务的实力，只有通过现代银行的量化管理思路来做强做大信贷与代理业务，构建独特的风险识别方案，才能健康有序地发展。MtF 模型的管理系统可以灵活地对风险进行限额设置和实现动态监控功能。MtF 模型的先进性在于通过批处理方式对每种金融工具在每种情景下的风险价值进行计算，并将结果保存在以立方体逻辑结构存储的信息文件 MtF 模型中。MtF 模型的全面风险管理系统包含了在每种时间设定下，每种金融工具（金融投资产品）在每种情景假设下的价值。银行各层级管理人员（业务经理、合规风险分析人员、总分支行长等）通过系统输入既定的资产组合（对各种金融投资产品进行头寸定义）的情况下，能很容易得到资产组合价值的分布情况，并从各个角度计量风险，包括跟踪误差、在险价值和预期厚尾损失。这样，不仅改变了村镇银行传统依赖于信贷管理人员用“打分法”的主观度量方法，也改变了传统以防范损失为主的风险管理方法，把风险管理与其战略决策融合在一起，按照小银行灵活的经营方式，贯穿于各个层级管理决策的全过程，包含整合了内部环境、设定目标、风险识别、风险评估、风险应对、风险控制、信息与沟通、管理监控相互关联的八大要素，根据信息及时动态地调整资产结构、负债结构及杠杆率水平，实现村镇银行在其可承担的风险范围内收益最大化，提升了风险管理水平。

首先，本书通过对近十多年一直活跃在农村地区的村镇银行发展角色进行分析。认为已年满 10 周岁的村镇银行，进入了青春活力期，已成为扎根县城、服务乡村、支农支小的农村金融机构的一支新生力量，已成为新农村金融机构的生力军，在支持农村社会经济发展、健全农村金融体系、激活农村金融市场和发展普惠金融等方面发挥了重要作用。村镇银行整体发展质量良好，然而，它们经营规模小、管理经验积累不足、技术装备水平低，抗风险能力也就更加薄弱。在当前农村金融“三期叠加”的大环境下，村镇银行面临巨大的外部风险，同时，内部既要承受做大总量与提升质量的双重压力，又要面临加快发展和深化风险管理的双重任务。因此，需要探索全面风险管理机制和技术手段，以促进村镇银行审慎、稳健、持续经营。

其次，介绍了适合村镇银行全面风险管理的 MtF 模型。根据村镇银行风险偶发性大、风险集中性较高和风险收益不对称的风险特性，需要找到对风险的识别、计量、监控及制定合理的内控措施与完善的审计、报告、报表等外审规则的解决方案来提升风险管理的水平。MtF 模型正是通过情景模拟把银行面临各种各类的风险融为一体，提供了一个可动态调整的、富有前瞻性的风险管理新框架。MtF 方法以有效的情景模拟技术为中心，对于历史经营数据少、组织化程度比较低、没有原来定性管理的路径依赖的村镇银行风险管理更加适用。

运用 MtF 模型进行风险管理的长项在于对银行的数据要求比较低、对组织要求比较低，且该方法可调整优化银行的资产组合，提高银行资本的使用效率，推进村镇银行全面管理流程再造。

再次，运用了 MtF 模型解决村镇银行风险量化管理的方案设计。MtF 模型可以通过多因子模型、蒙特卡罗定价模型、情景生成模型和用户自定义模型等不同的方法来识别风险，再经风险集中度分析、关键利率分析、收益率曲线分析、蒙特卡罗模拟、假设比较分析、优化组合和压力测试等计量分析功能来精准计量风险，最后通过信贷单一客户的限额设置与限额监控、对信贷资产的相对与绝对风险分析、时点的资本计量、定期报告生成来完成对风险的监控。详细阐述了村镇银行主要类型的风险情景模拟、数据收集与处理程序方案设计，包括市场风险的量化管理方案设计、流动性风险量化管理方案设计、信用风险量化管理方案设计、操作风险量化管理方案设计。

最后，以安徽长丰科源村镇银行为例，运用 MtF 模型对长丰科源村镇银行的风险进行全面分析。通过运用长丰科源村镇银行的具体数据，按 MtF 模型提供的具体解决方案分别对市场风险、流动性风险、信用风险、操作风险进行了具体分析与计量，弄清该模型的应用特点及其量化过程，生成量化报表，并形成对长丰科源村镇银行全面风险管理的文字报告。

当然，MtF 模型仅是全面风险管理技术的一种量化模型，必须借助现代计算机信息系统才能完成计量的模型，仅是一种风险计量的技术工具。现实中大量事实说明，不是所有的风险都能用模型进行量化的，模型始终仅是总体风险管理方法的一部分。银行管理者要了解该模型，熟悉 MtF 模型的内在经济行为和风险传导机制、数据基础、适用条件和范围，明确其前提和假设等局限性，管理者始终视它是全面风险管理方法的重要部分，但不妨碍管理人员用常识进行判断，实现以全面风险的量化管理与定性管理相结合。

第二节　加强村镇银行全面风险管理的建议

前面我们选的案例银行是全国百强村镇银行之一，总体来说，发展了10多年已达1616家的村镇银行仍然没有冲破物理网点少和品牌优势弱的局限，近两年来已经连续出现了三个批量转让村镇银行的案例，且这种前期设立村镇银行的探路者想离场的趋势还在发展中，说明这个坐享政策红利，手握市场和资本资源的村镇银行带着光环而来，但仍没能完全承担起农村金融的“破局者”的使命。如果要走出一条可持续的商业化路径，那么还需要多方的努力。根据市场规律，村镇银行的发展重心必须由原来的机构拓展和网点布局转向全面风险管理阶段，平衡好风险与收益的关系，走上可持续发展的道路，建议如下：

一、强化主发起行对金融科技的支撑

村镇银行作为小型的金融机构，金融科技发展的能力急需提升。现如今银行业金融机构的核心竞争力在于其拥有金融科技的基础设施以及运用能力，例如，微众银行、网商银行这类民营银行凭借金融科技的力量冲破地域、资本和人手的限制，尽管成立时间晚于村镇银行，但其风险控制能力与运营成本均大大超过成立早的村镇银行。从网商银行2018年的年报数据可以得知，其客户户均贷款余额只有2.6万元，与村镇银行支农支小类似，其涉农贷款占比为11.9%，不良率只有1.3%，每笔信贷的平均运营成本约2.2元。而村镇银行客户户均贷款余额平均约为41万元，平均不良贷款率约为2.7%，平均资产利润率仅为0.77%，运营成本远远高于一般商业银行，更不用说高于以金融科技立身的网商银行了。因此，村镇银行应尽快提升金融科技水平来降低资金融通的边际成本，开辟触达客户的全新途径，推动在盈利模式、风险防范、业务形态等方面持续优化，不断增强自身立足金融市场的核心竞争力。

MtF 模型的信息管理系统就是金融科技应用于防范风险与平衡收益的新利器。它运用了大数据和人工智能等技术建立的金融风险控制模型，能有效甄别交易中的风险，感知异常交易，实现风险早识别、早预警、早处置，提升村镇银行的金融风险技防能力，还可以运用数字化监管限额、智能风控平台等监管科技手段，提升金融管理效率。

然而，只在县域区域范围运营的单一一家村镇银行这类小型金融机构，在金融科技上的投入难产出规模效应，且承受不了金融科技的开发成本，集约化的管理将是趋势。顺势而为的江苏常熟农村商业银行股份有限公司在主发起 30 家兴福系村镇银行的基础上，于 2019 年 7 月 18 日再设立了“兴福村镇银行股份有限公司”，专门投资管理其旗下 30 家村镇银行，解决单一一家村镇银行经营管理上的分散化、成本过高和人力资源不足的短板，集约化解决其分布于湖北、江苏、河南、云南四个省的村镇银行金融科技层面的问题，形成了相对专门化、系统化的经营管理和数字化解决方案，为其旗下的各家村镇银行提供强大的金融科技支撑，形成整体发展和高效运作的规模效应。这类由主发起行通过“集中连片开发”方式，尤其是应用 MtF 模型的全面风险管理系统要求相对较高的金融科技，值得全面推广，有利于提升村镇银行专业化经营和集约化管理，有效降低村镇银行固定费用的管理成本，不断提高经营效率。

当村镇银行设立时，我国监管当局就已经明确了主发起行的角色定位。由于银行业风险控制的重要性，为确保整个金融系统的稳健经营，新设的村镇银行必须借助主发起行成熟的风险内控机制、先进的管理技术以及审慎、稳健的经营理念，进行全面风险管理。因此，强化主发起行的全面风险管理责任，培育村镇银行的金融科技发展能力，提升村镇银行全面风险管理水平，是主发起行义不容辞的责任。

二、加强专业人才的培养

人才始终是银行金融机构最核心的竞争力。而经营在县域区域内的村镇银行，人才缺乏始终伴随着它的发展历程，是其发展中的短板，相对来说它很难吸引创新型、外向型、科技型、复合作业型的高层次人才的加入，即使吸引过来也很难留得住。而村镇银行的全面风险管理依赖于高素质的人才，如果要实施 MtF 模型的全面风险管理系统，必须要培养一批既懂金融又懂科技的专业人才。这类专业人才不只是把金融人才和科技人才简单地叠加在一起，而是要培养一批两者均兼的复合型专业人才。

成立不久的村镇银行一般还没有形成自己的培训体系，导致培训成本高且存在一些针对性不强的跟随母行式的培训，必须加强对自身急需人才培养的体系建设，有计划地制定人才培养工作。尤其是培养一批对银行业新理念、新知识、新技能有主动求知的员工，挖掘熟悉当地的市场行情、产业结构、风土人情的本土人才，加大对这些本土人才培养和锻炼的力度，创造“学习型”人才培养氛围，强化他们经过不同业务岗位轮换，培养他们成为一专多能的业务能手与管理型人才，并通过岗位与职务的激励通道，优化专业人才的合理流动。将那些善于学习新科技的优秀本土人才放在核心岗位，形成示范效应，进一步推动全体员工的学习热情。

村镇银行应用 MtF 模型进行全面风险管理，就必须制订金融科技人才培养计划，同时还要深化与专业院校的合作，注重全体员工的科技创新意识和创新能力的培养，逐步培养一批既懂金融又懂科技的专业人才，优化人力资源结构，为全面风险管理提供智力支持。

三、形成全面的风险管理文化

文化是企业管理的灵魂。村镇银行是经营货币的特殊企业，同样也遵循企业发展的一般规律，企业发展一年靠的是机遇，发展五年要靠制度，如果是十年以上必须依靠文化建设。因此，已发展 10 年有余的村镇银行应该在经营全程中形成全面的风险管理文化。

风险管理文化是将风险管理理念、风险道德标准和风险管理行为等要素贯穿于整个商业银行的经营过程的文化力，既包括银行高层的管理思想和身体力行，又包含全体职员的深刻感悟，经过全行员工的个性磨合和团体的重复博弈，形成一致的目标与行为准则，将其渗透到全行各部门、各个岗位和各项具体业务的操作环节之中，扎根于员工的意识形态之中。

村镇银行全面风险管理文化的形成，必须从物质层面、制度层面和精神层面三个维度全面推进。物质层面应从风险管理的组织架构、管理系统的设计到管理方法的应用，必须体现风险管理的全面性和系统性。根据目前村镇银行的治理结构，应建立以董事会为核心的、矩阵型的风险管理组织架构比较合适。采用 MtF 模型的全面风险管理系统进行风险识别、评估、控制等数据信息化处理，体现了风险管理的全面性和系统性。制度层面应从村镇银行的业务各条线制定识别与防范各种风险的整套规则体系，详细规定业务操作的标准化、风险报告、额度限制与核心监控指标的一系列安排。全面风险管理的制度建设还必须要求村镇银行的风险管理者自下而上地不断收集各业务流程优化的需求和风险点，及时补上风险监控的盲点，确保风险制度管理全面、有效。精神层面要培育全体职员全面风险管理价值的理念和认同感，通过培训活动不断强化职员对风险的感知能力，形成对风险有统一的认知、统一的行为模式，并持之以恒，构建出强大的全面风险管理的动态防护网。

参考文献

［1］ Allen F, Gale D. Financial Contagion ［J］. Journal of Political Economy, 2000 (108), 1－33.

［2］ Altman E I. Financial Ratios, Discriminant Analysis and the Prediction of Corporate Bankruptcy ［J］. The Journal of Finance, 1968, 23 (4): 589－609.

［3］ Berger, Miller, Peterson. Credit Scoring and the Availability, Price, and Risk of Small Business Credit ［J］. Journal of Money, Credit and Banking, 2005.

［4］ Boston C S F. Credit Risk +: A Credit Risk Management Framework ［J］. New York, 1997.

［5］ David De Meza, David C. Webb. Efficient Credit Rationing ［J］. European Economic Review, 1992 (8): 1277－1290.

［6］ Ghatak. Group Lending, Repayment Incentives and Social Collateral ［J］. Journal of Development Economics, 1991.

［7］ Gupton G M, Finger C C, Bhatia M. Creditmetrics: Technical Document ［M］. JP Morgan & Co, 1997.

［8］ Harry Markowitz, Portfolio Selection ［J］. The Journal of Finance, 1952, 7 (1): 77－91.

［9］ Iscoe I, Kreinin A, Rosen D. An Integrated Market and Credit Risk Portfolio Model [J]. Algo Research Quarterly, 1999 (2): 21 – 37.

[10] Morgan J P. Riskmetrics Technology Docoument, 4th Edition [M]. New York: Risk Metrics Group, 1996.

[11] M. S. Sriram. Transformation of Microfinance in India: Experiences, Options and Future [J]. Indian Institue of Management Ahmedabad, 2002.

[12] (美) 米歇尔·科罗赫, 丹·加莱, 罗伯特·马克. 风险管理 [M]. 曾刚, 罗晓军等译. 北京: 中国财政经济出版社, 2005.

[13] Roussakis. Emmanuel N. Commercial Banking in an Era of Deregulation [M]. Praeger Published, Westport, Connectcut London, 3rd Edition, 1997: 136 – 269.

[14] Yaron, Jacob. Rural Finance: Issues, Designs, and Best Practices [J]. Rural Finance Issues Design & Best Practices, 1997.

[15] Algo 中国金融风险实验室. Algo 投资风险管理系统 [EB/OL]. 2006/02/01, https: //www. docin. com/p – 235176949. html.

[16] Algorithmics Inc. 银行的全面风险管理——为银行金融机构的解决方案 [R]. 2007/01/23.

[17]《中国总会计师》编辑部. 中国金融发展的现状 [J]. 中国总会计师, 2018 (3): 24 – 26.

[18] 包爽. 我国村镇银行发展的法律对策研究 [D]. 湖南大学硕士学位论文, 2009.

[19] 陈道富, 许伟, 何建武等. 打好防范化解重大风险攻坚战: 思路与对策 [J]. 管理世界, 2018, 34 (1): 1 – 15.

[20] 曹明. 中外银行信贷管理的比较与启示 [J]. 现代金融, 2008 (7): 39 – 40.

[21] 蔡宁伟. 商业银行合规风险管理内涵解析与改进路径 [J]. 金融监管研究, 2017 (12): 93 – 106.

[22] 蔡旺. 村镇银行人才队伍建设研究 [J]. 广东农业科学, 2012, 39

(6): 177 - 180.

[23] 柴振国. 村镇银行法制研究的探索之作——评《村镇银行法律制度研究》[J]. 河北法学, 2018, 36 (4): 194 - 195.

[24] 陈忠阳. 巴塞尔协议Ⅲ改革、风险管理挑战和中国应对策略 [J]. 国际金融研究, 2018 (8): 66 - 77.

[25] 都红雯, 杨威. 我国对 KMV 模型实证研究中存在的若干问题及对策思考 [J]. 国际金融研究, 2004 (11): 22 - 27.

[26] 邓世和. 商业银行风险管理数据化发展趋势分析 [J]. 山西农经, 2018 (7): 78 + 81.

[27] 符维. 强化定量监管 加强同业管控——《商业银行流动性风险管理办法》的解读 [J]. 农银学刊, 2018 (5): 42 - 45.

[28] 付伟铮. 村镇银行发展过程中信用风险分析与实证研究 [D]. 中国农业科学院硕士学位论文, 2012.

[29] 高丽君, 宋汉鲲. 外部数据度量中国商业银行操作风险的样本量研究 [J]. 山东财经大学学报, 2015, 27 (3): 68 - 75.

[30] 郭艳芳. 探析村镇银行的供给侧结构性改革 [N]. 中国县域经济报, 2019 - 06 - 27 (007).

[31] 管衍锋, 徐齐利. 资本约束、货币政策与信贷风险 [J/OL]. 经济与管理研究.

[32] 国务院发展研究中心"经济转型期的风险防范与应对"课题组, 李伟, 王一鸣, 张承惠等. 打好防范化解重大风险攻坚战: 思路与对策 [J]. 新经济导刊, 2018 (5): 67 - 85.

[33] 胡茵. 国外先进银行风险管理文化对我国商业银行的启示 [J]. 长春金融高等专科学校学报, 2014 (4): 38 - 42.

[34] 韩旺红, 张丞. 西部地区村镇银行农户信贷风险实证分析——基于广西村镇银行信贷数据 [J]. 武汉金融, 2012 (8): 46 - 48.

［35］蒋砚．安徽长丰科源村镇银行流动性风险管理研究［D］．安徽大学硕士学位论文，2015.

［36］刘超．商业银行风险管理模型的性质和启示［J］．上海金融，2011（3）：60－65.

［37］刘超群．HRB 银行流动性风险管理研究［D］．哈尔滨商业大学硕士学位论文，2017.

［38］雷春晓．论农村信用社如何加强贷后管理防范信贷风险［J］．财经界，2010（2）：96＋98.

［39］兰可雄．村镇银行的全面风险管理策略——基于主发起行的视角［J］．福建金融，2014（8）：62－64.

［40］李明辉，刘莉亚，黄叶苊．巴塞尔协议Ⅲ净稳定融资比率对商业银行的影响——来自中国银行业的证据［J］．国际金融研究，2016（3）：51－62.

［41］梁伟森．基于 Credit Risk 模型的广东村镇银行信用风险量化分析［D］．华南农业大学硕士学位论文，2016.

［42］刘星，田俊丽．用系统论观点看银行风险管理［J］．农村金融研究，2006（4）：46－47.

［43］李鑫，田秀娟，张智颖．小微企业借贷时间成本与违约风险——基于 P2P 网络借贷［J/OL］．西南金融：1－8［2019－08－15］.

［44］卢小宾，徐超．面向风险管理的银行大数据分析系统架构研究［J］．信息资源管理学报，2018，8（2）：4－12.

［45］李旭秀．对村镇银行人才队伍建设的思考——以西峰瑞信村镇银行为例［J］．发展，2013（3）：72－73.

［46］刘昕雨，魏建国．基于种群理论的村镇银行信用环境优化研究［J］．武汉金融，2017（1）：80－83.

［47］罗雅兰．大数据技术下我国商贸流通企业融资风险计量分析——基于商业银行视角［J］．商业经济研究，2018（19）：159－161.

［48］李志成．美联银行的经营状况分析与价值管理体系［J］．农村金融研究，2006（10）：32－38.

［49］鲁政委，陈昊．巴塞尔协议Ⅲ操作风险资本监管的新标准法与实施挑战［J］．金融监管研究，2019（4）：1－14.

［50］马斌，范瑞．杠杆率监管对我国上市商业银行信用风险的影响——基于动态面板模型的系统 GMM 估计［J］．经济问题，2019（1）：41－47.

［51］么英莹．村镇银行发展中存在的共性问题与潜在风险［J］．北方金融，2017（4）：57－59.

［52］牛刚．商业银行新型监督体系的运行流程及系统架构设计［J］．金融论坛，2014（3）：39－44.

［53］农业银行产险代理业务服务“三农”课题组，鲁蔚．有效服务“三农”信贷业务 助推县域农行经营转型——加快农行代理产险业务发展的思考［J］．农村金融研究，2008（2）：72－77.

［54］潘光伟．积极引领银行业在“一带一路”建设中发展壮大［J］．中国农村金融，2016（3）：29－30.

［55］彭明旭，魏心力．村镇银行主发起行管理制度的演化和展望［J］．农村金融研究，2019（1）：73－78.

［56］孙德心．我国企业全面风险管理流程设计浅析［J］．内蒙古统计，2009（5）：33－34.

［57］宋珏遐．134 家村镇银行调查数据出炉：整体规模上升，个体差距较大［N］．金融时报，2018－09－27.

［58］宋珏遐．常熟银行获批设立投资管理型村镇银行 村镇银行步入集约化发展阶段［N］．同花顺财经，2019－04－18.

［59］邵强，孙海洋．基于模糊一致偏好关系的商业银行操作风险预警研究［J］．辽宁工程技术大学学报（社会科学版），2018，20（5）：355－360.

［60］宋士云，宋博．三个版本的《巴塞尔协议》与中国银行业监管

[J]．理论学刊，2019（1）：80－88.

[61] 石艳珍．新时期商业银行信用风险管理问题分析［J］．纳税，2019，13（3）：258＋261.

[62] 田宏伟，张维，章飚．未来计值风险测量与管理方法的几个核心问题［J］．天津大学学报（社会科学版），2001（6）：165－169.

[63] 王光远．我国村镇银行发展模式及对策探究［J］．中国房地产金融，2010（6）：11－16.

[64] 王慧，张国君．KMV 模型在我国上市房地产企业信用风险度量中的应用［J］．经济问题，2018（3）：36－40.

[65] 吴军，张继宝．信用风险量化模型比较分析［J］．国际金融研究，2004（8）：50－54.

[66] 王京春，李宏明．赴新加坡银行经营管理培训班学习的几点启示［J］．农业发展与金融，2009（2）：67－69.

[67] 王丽娟，刘海申，孙雪峰．村镇银行法人治理及风险管理的思考［J］．甘肃金融，2019（3）：62－68.

[68] 王胜邦．巴塞尔Ⅲ审慎监管框架：从单一约束转向多重约束［J］．国际金融研究，2018（6）：44－52.

[69] 吴世农，陈斌．风险度量方法与金融资产配置模型的理论和实证研究［J］．经济研究，1999（9）：30－38.

[70] 王晓明．新形势下村镇银行并购趋势与实践［J］．国际金融，2018（12）：23－25.

[71] 王颖，钮怡乔．商业银行风险管理文化探究［J］．金融理论与实践，2013（5）：70－72.

[72] 魏再晨．改革带来生机盎然 农村金融活力迸发［N］．农村金融时报，2019－07－22（A01）.

[73] 熊巍．国有商业银行内控建设中的操作风险及其防范［J］．企业改

革与管理，2018（24）：105－106.

［74］熊玉军．从美国社区银行看我国村镇银行的市场定位［J］．金融电子化，2008（5）：78－80.

［75］徐振东．巴塞尔协议持续改进引领全面风险管理变革［J］．国际金融，2019（5）：29－42.

［76］杨蔡明．基层商业银行操作风险与案件防控对策研究［J］．西南金融，2018（1）：36－40.

［77］中国银行业监督管理委员会关于印发《村镇银行管理暂行规定》的通知（银监发〔2007〕5号）［Z］.

［78］中国银监会关于印发《中国银行业实施新资本协议指导意见》的通知（银监发〔2007〕24号）［Z］.

［79］中国银行业监督管理委员会关于印发《商业银行授信工作尽职指引》的通知（银监发〔2004〕51号）［Z］.

［80］中国银行业监督管理委员会关于印发《商业银行小企业授信工作尽职指引》的通知（银监发〔2006〕69号）［Z］.

［81］中国银监会关于印发《商业银行资本计量高级方法验证指引》的通知（银监发〔2009〕104号）［Z］.

［82］杨青．商业银行风险管理文化建设的重要性［J］．中国商论，2017（25）：28－29.

［83］于力．我国将对信贷管理进行重大改革 商业银行贷款将实行五级分类［J］．中国建设信息，1998（9）：55.

［84］于丽红，陈霞．村镇银行信贷风险管理［J］．生产力研究，2011（1）：69－70.

［85］赵保国，龙文征．信用评级中的违约率、违约概率研究［J］．中央财经大学学报，2007（1）：38－43.

［86］邹传伟．银行流动性风险计量和监管的理论分析［J］．金融监管研

究，2016（7）：1－17.

［87］周东琼，刘志强，温利民．基于在险价值风险度量的信度估计［J］．数学的实践与认识，2018，48（10）：135－142.

［88］中国农业银行黑龙江分行课题组，孙景伟，陈昊洁，宋银凤．信贷业务操作精细化管理和风险防控问题研究［J］．农村金融研究，2010（3）：15－18.

［89］张海云．一步步教银行用缺口表预测流动性供需［J］．当代金融家，2016（12）：26－30.

［90］浙江网商银行股份有限公司．2018 年年度报告［EB/OL］．https：//render. mybank. cn/p/f/mybank/info. html.

［91］张琴，陈柳钦．风险管理理论沿袭和最新研究趋势综述［J］．金融理论与实践，2008（10）：105－109.

［92］郑倩璐．商业银行信贷风险管理的实证研究［D］．同济大学硕士学位论文，2007.

［93］张双双，张帆，耿鹏．我国评级机构信用风险计量模型建设的思考与建议［J］．上海金融，2016（12）：46－50.

［94］张小溪，林宝民，甘萌雨．普惠金融的国际实践与中国村镇银行的发展［J］．福建论坛（人文社会科学版），2018（12）：12－19.

［95］曾晓阳．构建扶持中小企业发展的金融服务体系［J］．福建广播电视大学学报，2002（4）：19－22.

［96］曾园．银行操作风险贝叶斯网络量化控制研究［J］．金融监管研究，2017（8）：18－38.

［97］赵越．利率市场化与中国银行业系统性风险研究［J］．新金融，2015（11）：32－37.

［98］臧育辰．净稳定资金比例对银行盈利水平的影响研究［D］．首都经济贸易大学硕士学位论文，2018.